高等职业教育新形态精品教材

创新创业实训

主　编　朱明俊　章　霞　陈金和
副主编　姜思文
参　编　钟朝辉　万　军

北京理工大学出版社
BEIJING INSTITUTE OF TECHNOLOGY PRESS

内 容 提 要

本书以提高大学生的创业综合素质为编写宗旨，从高等院校实际情况出发，有针对性地阐述了大学生创新创业实训的可能性与重要性，带领大学生学习体验创新创业实训。本书采用实训任务书的形式编写，实训内容包括大学生创新创业概述、大学生创新思维与创新能力、创业者的行为养成、创业团队的组建与管理、创意产业与创业机会、创业项目与风险管理、创业计划的编制与演练、创业资源的整合与融资、创业企业的建立与管理。

本书可作为高等院校各类专业的教学用书，也可作为大学生进行创业实训的参考用书。

版权专有　侵权必究

图书在版编目（CIP）数据

创新创业实训 / 朱明俊，章霞，陈金和主编. -- 北京：北京理工大学出版社，2023.9
ISBN 978-7-5763-2867-7

Ⅰ.①创…　Ⅱ.①朱…②章…③陈…　Ⅲ.①大学生—创业　Ⅳ.①G647.38

中国国家版本馆CIP数据核字（2023）第168346号

责任编辑： 时京京		**文案编辑：** 时京京	
责任校对： 刘亚男		**责任印制：** 王美丽	

出版发行 / 北京理工大学出版社有限责任公司	
社　　址 / 北京市丰台区四合庄路6号	
邮　　编 / 100070	
电　　话 / (010) 68914026（教材售后服务热线）	
（010) 68944437（课件资源服务热线）	
网　　址 / http://www.bitpress.com.cn	
版 印 次 / 2023年9月第1版第1次印刷	
印　　刷 / 河北鑫彩博图印刷有限公司	
开　　本 / 787mm×1092mm　1/16	
印　　张 / 12.5	
字　　数 / 271千字	
定　　价 / 38.00元	

FOREWORD 前言

党的二十大报告提出："教育是国之大计、党之大计。培养什么人、怎样培养人、为谁培养人是教育的根本问题。育人的根本在于立德。全面贯彻党的教育方针，落实立德树人根本任务，培养德智体美劳全面发展的社会主义建设者和接班人。坚持以人民为中心发展教育，加快建设高质量教育体系，发展素质教育，促进教育公平。"为此，我们编写了《创新创业实训》这一实训教材。

本书从大学生创新创业概述、大学生创新思维与创新能力、创业者的行为养成、创业团队的组建与管理、创意产业与创业机会、创业项目与风险管理、创业计划的编制与演练、创业资源的整合与融资、创业企业的建立与管理九个方面，与《创新创业教程》配套，为大学生创新创业提供了全方面的指导。

本书注重系统性、全面性和实践性，既有助于激发大学生的学习兴趣，又丰富了课堂教学的内容与形式，实现了在校大学生综合能力的提升和各项技能的全面发展。

本书主要有如下特点：

（1）注重思政教育。主要体现在"拓展阅读"栏目中，在拓宽大学生视野的同时，潜移默化中让大学生领悟党的二十大精神，积极推动党的二十大精神进教材、进课堂、进头脑。

（2）实训内容丰富。作为与《创新创业教程》相配套的实训教材，实训任务书的设置与《创新创业教程》项目任务书的设置一一对应。凭借典型项目案例、事迹及切实可行的活动，开展大学生实训活动，形成"创新中有创业，创业中含创新"的特色。

（3）活动设置新颖。以本土化活动为主，每个活动都贴近大学生创新创业生活，突出创新创业能力锻炼，使学生的知识储备得以提升，做到理论与实际相结合。

本书由江西科技职业学院朱明俊、章霞，江西农业工程职业学院陈金和担任主编，由江西科技职业学院姜思文担任副主编，江西科技职业学院钟朝辉、万军参与编写。

本书在编写过程中参阅了大量文献和参考资料，在此向原作者致以衷心的感谢！由于编写时间仓促，编者的经验和水平有限，书中难免存在待商榷之处，恳请读者和专家批评指正。

编　者

CONTENTS 目录

实训一
大学生创新创业概述

📝 实训目标

1. 能够充分描述创新创业的时代背景。
2. 能够充分认知创新与创业。
3. 能够充分懂得创业教育与创业精神的意义。

💡 提示

1. 开始任务前进行分组，宜 5 ~ 6 人为一组。
2. 结合课堂时间进行实训，若时间不足，活动可由授课教师择选。

任务一　描述创新创业的时代背景

活动一：时代召唤创业

这是一个不断变革的时代，是一个多元化的世界，我国也正处于一个深刻的社会转型期。计划经济向市场经济的转变，封闭的、一元的农业社会向开放的、多元的现代化社会的转变使社会竞争趋向开放和公平。企业不再受众多体制的束缚和限制，从而使生存空间能够无限延伸，发展活力得到充分释放。对于创业者，便有了展示自己的更大的舞台和建立事业的机会，成为中国市场经济舞台上的主角。

请学生思考以下问题。

1.作为一名"准创业者"，谈谈你对此的理解。（字数不少于500字）

_____

_____

_____

_____

_____

_____

_____

_____

2.将自己的理解与组员进行探讨（限时10分钟），再推荐一名组员代表在课堂讲台进行演讲（限时5分钟）。台下学生对各个组员代表的演讲内容重点进行记录，教师随机抽查几名学生，要求被抽查的学生分条复述各个组员代表演讲的重点内容。

演讲重点内容的记录区域：

_____

_____

_____

_____

_____

_____

_____

_____

活动二：中国的创业环境

经过几十年的发展，我国的高新技术企业数量迅速增多，并向专业化、规模化和多样化发展。既有面向特定领域的软件产业园、新材料产业园、生物医药产业园、集成电路设计企业孵化器，又有面向特定对象的大学科技园、留学生创业园和国企孵化器等。

我国的改革开放自 20 世纪 80 年代以来取得了前所未有的成就，综合国力稳步提升。具有高附加值的知识型企业的不断创立与发展，将成为影响中国经济建设发展速度的关键因素。因此，关注并重视创业对于中国未来几年、几十年经济建设的发展将产生重大而深远的影响。

请学生思考以下问题：

1. 收集网络上创业相关数据，说明我国创业环境的发展情况。（字数不少于 300 字）

_____

_____

_____

_____

_____

_____

_____

2. 将自己整理的创业相关数据与组员进行探讨（限时 10 分钟），再指定一名组员代表整理归纳组员的数据结果，并罗列提纲。

创业相关数据提纲的记录区域：

_____

_____

_____

_____

_____

_____

_____

活动三：知识经济时代

知识经济又称七色经济，这是一个比较新鲜的理念。七色经济主要是指绿色经济、白色经济、金色经济、红色经济、蓝色经济、银色经济和象牙色经济。

绿色经济通过投资自然资本来促进经济增长，低碳经济和循环经济是绿色经济的主要组成部分，绿色经济观念的提出，使人们在生活中开始倡导绿色交通、绿色建筑、绿色食品、绿色能源等。

白色经济是指为了满足老年市场对于健康养生的需求应运而生的企业经济，包括保健品市场、老年人用品商铺、夕阳红旅游服务等。

金色经济是指以各种各样的金融服务为代表的产业。

红色经济是指以女性的消费及儿童的教育为代表的产业。

蓝色经济主要包括应对全球水危机的经济、海洋经济和创新发展经济。

银色经济是指高科技经济，是利用最新的技术进行发展的经济，涉及面比较广，如网络、纳米、基因、国防。

象牙色经济的市场则是针对高端消费的人群，其消费主体是具有高知识的人群，其消费领域如高雅时尚的文化、艺术、休闲、健身等。

请学生思考以下问题。

1. 作为将来的"准创业者"，你会从事七色经济中哪方面的经济呢？并说明理由。（字数不少于 300 字）

_____

_____

_____

_____

_____

_____

_____

_____

_____

_____

_____

_____

2. 将小组成员意愿从事七色经济中的类型及选择理由填写在表 1-1 中。

表 1-1　七色经济

七色经济	组员姓名	选择理由
绿色经济		
白色经济		
金色经济		
红色经济		
蓝色经济		
银色经济		
象牙色经济		

活动四：互联网与知识经济

2015 年 7 月 4 日发布的《国务院关于积极推进"互联网+"行动的指导意见》明确的 11 个重点行动，分别是"互联网+"创业创新、"互联网+"协同制造、"互联网+"现代农业、"互联网+"智慧能源、"互联网+"普惠金融、"互联网+"益民服务、"互联网+"高效物流、"互联网+"电子商务、"互联网+"便捷交通、"互联网+"绿色生态、"互联网+"人工智能。

请学生思考以下问题。

1. 收集网络上有关"互联网+"的相关内容，选择体现重点行动之一的代表企业，谈谈该企业的发展历程，以及你从中学到了什么。（字数不少于 500 字）

_____

_____

_____

_____

_____

_____

_____

_____

_____

_____

2. 将自己收集到的"互联网+"的相关内容与组员进行探讨（限时 10 分钟），再整理、归纳小组讨论的最终结果，并罗列提纲。

"互联网+"的相关内容提纲的记录区域：

_____

_____

_____

_____

_____

_____

_____

_____

_____

_____

活动五：政府创业政策

2021 年 10 月 12 日，国务院办公厅发布了《关于进一步支持大学生创新创业的指导意见》（国办发〔2021〕35 号）（以下简称《意见》）。《意见》中指出，纵深推进大众创业万众创新是深入实施创新驱动发展战略的重要支撑，大学生是大众创业万众创新的生力军，支持大学生创新创业具有重要意义。

请学生思考以下问题。

搜寻网络上自己家乡近几年的创业政策，将其罗列下来并谈谈这些创业政策的出台给你带来的好处。（字数不少于 500 字）

_____

_____

_____

_____

_____

_____

_____

_____

_____

_____

任务二　认知创新与创业

活动一：认知创新

李立青：微创新带来大效益

厚达几米的铅门，要用多大力气才能拉开？在山东青岛凯能环保科技股份有限公司（以下简称"凯能环保公司"）品质管理部，特种设备检验检测工程师李立青轻轻按下悬挂在门口的遥控钥匙，原本需要花费九牛二虎之力才能拉开的沉重大门自动徐徐打开。

图 1-1 所示为在实验室的李立青和同事。

图 1-1　在实验室的李立青和同事

这个铅门电动装置是李立青众多小发明中的一个。走在凯能环保公司的厂区里，李立青的微创新随处可见。自 2007 年加入凯能环保公司以来，他编制专用焊接工艺和制造工艺 500 余项，完成技改 60 余项，为企业节省资金 50 多万元。

2003 年，李立青开始从事焊接相关工作，一步步从焊接技工成长为焊接技师、焊接工程师。辗转多家企业的经历，让李立青充分接触了国际、国内市场，技术视野得到不断拓展。目前，他已持有射线检测三级证书、超声波检测三级证书，以及欧盟认证的三级无损检测职业资格证书、美国 ASNT 认证的三级无损检测证书。

在凯能环保公司从事特种设备检验检测工作后，他更加深刻地体会到在细节上发挥匠心的重要性。工作中，细微的焊接缺陷、细小的安全隐患，都成了他创新的突破口。

2021 年，哈尔滨锅炉厂向凯能环保公司发出订单，要求产品承压 50 兆帕，这让公司的研发团队犯了难。由于企业日常生产的产品承压要求只有 10 兆帕，5 倍的承压差距让研发人员经历了 1 个多月的实验攻坚，才终获成功。

然而，焊缝检测，这一新的难题又随之出现。

产品通过焊缝检测，才能进入承压实验环节，根据当时的情况，想要如期交货，只能使用最新引进的 DR 射线数字成像检测设备，但待检测产品宽度远超设备允许的可进入宽度。就在众人一筹莫展之时，李立青突发奇想：能不能对设备承载平台进行微改造，让待检测产品在平台上可以左右移动，这样宽度的问题就可以迎刃而解。

经过研究，李立青带领团队投入不足 5 000 元，就完成了设备微改造。仅哈尔滨锅炉厂一个订单，就为公司节约成本 15 万元。

"微创新、小革新都可以汇集成大效益。"李立青说，未来希望可以不断优化公司的生产流程细节，让创新于细微处结出硕果。

（来源：工人日报）

请学生思考以下问题。

1.阅读材料，李立青的"微创新"具体表现是什么？

_____

_____

_____

_____

_____

_____

_____

_____

_____

_____

2.阅读材料，李立青的"微创新"是"无中生有"还是"有中生无"？请说明理由。

_____

_____

_____

_____

_____

_____

_____

_____

_____

3. 为什么说李立青的行为属于创新呢？其行为又符合创新的哪些特性？请说明理由。

_____

_____

_____

_____

_____

_____

_____

_____

_____

4. 李立青的"微创新"是敢于想、敢于做的创新过程，属于科技创新的范畴。对此，谈谈你的看法。（字数不少于 500 字）

_____

_____

_____

_____

_____

_____

_____

_____

_____

5. 收集网络上有关创新的人物事迹，并与组员进行探讨（限时 10 分钟），再推荐一名组员代表在课堂讲台进行演讲（限时 5 分钟）。台下学生对各个组员代表的演讲内容重点进行记录，教师随机抽查几名学生，要求被抽查的学生分条复述各个组员代表演讲的重点内容。

演讲重点内容的记录区域：

活动二：了解创业

创业过程充满了诱惑，并非每个人都适合走这条路。假如你正想着自己"单挑"，不妨做一做下面的创业测试。

要求：仔细阅读表 1-2 项目中的每一个句子，根据自身情况，从项目后的选项中勾选符合自己的选项。

表 1-2　创业测试

序号	项目	是	否
1	你是否曾经为了某个理想而设下 2 年以上的长期计划，并且按计划进行直至完成？	1	0
2	在学校和家庭生活中，你是否在没有师长和亲友督促的情况下，自己完成分派的任务？	1	0
3	你是否喜欢独自完成工作，并做得很好？	1	0
4	当你与朋友在一起时，你的朋友是否经常寻求你的指导和意见？你是否曾被推举为领导者？	1	0
5	在你以往的经历中，有没有赚钱的经验？你喜欢储蓄吗？	1	0
6	你是否能够连续 10 个小时以上专注做自己感兴趣的事？	1	0
7	你是否习惯保存重要资料，并且井井有条地整理，以备需要时可以随意提取查阅？	1	0
8	在平时生活中，你是否热衷于社会服务工作？你关心别人的需求吗？	1	0
9	你是否喜欢艺术、体育及其他活动？	1	0
10	在此之前，你是否带动其他人员，完成过一项由你领导的大型活动或任务？	1	0
11	你喜欢在竞争中生存吗？	1	0
12	当你在别人的管理下工作时，发现其管理方法不当，你是否会想出适当的管理方法并建议改进？	1	0
13	当你需要别人的帮助时，你是否能充满自信地提出请求，并且说服别人来帮助你？	1	0
14	在你筹款或义卖时是否充满自信而不害羞？	1	0
15	当你要完成一项重要工作时，是否总给自己留出足够的时间仔细完成，而绝不让时间虚度？	1	0
16	参加重要聚会时，你是否准时赴约？	1	0
17	你是否有能力安排一个恰当的环境，使你在工作过程中不受干扰，有效地专心工作？	1	0
18	你交往的朋友中，是否有许多有成就感、有智慧、有眼光、有远见、老成稳重型的人？	1	0
19	你在学校或团体中被认为是受欢迎的人吗？	1	0
20	你自认为是理财高手吗？	1	0
21	你是否可以为了赚钱而牺牲自己的娱乐时间？	1	0
22	你是否总是独自挑起负责的担子，彻底了解工作目标并认真地执行？	1	0
23	在工作中，你是否有足够的信心和耐心？	1	0
24	你能否在很短的时间内结交许多新朋友？	1	0

统计得分，结果分析如下：

（1）6～10分：目前不适合创业，应当训练自己为别人工作，并学习相关技术和专业。

（2）11～15分：需要在别人指导下去创业，才会有成功的机会。

（3）16～20分：适合自己创业，但必须在所有答"否"的问题中分析出自己的问题并加以纠正、改进。

（4）21～24分：非常适合创业，你可以从小事业开始，并从实践中获得经验，成为成功的创业者，具备无限潜能。你只要把握住时机，可能会成为未来的商业巨子。

请学生思考以下问题。

1. 分析所答项为"否"的问题，提出纠正、改进的措施。（字数不少于500字）

_____

_____

_____

_____

_____

_____

_____

2. 小组讨论，推举得分最高的组员在课堂讲台进行演讲（限时5分钟），演讲主题：创业特质的养成（准备限时10分钟）。台下学生对各个组员代表的演讲内容重点进行记录，教师随机抽查几名学生，要求被抽查的学生分条复述各个组员代表演讲的重点内容。

演讲重点内容的记录区域：

_____

_____

_____

_____

_____

_____

_____

_____

活动三：创新与创业的关系

王兴是校内网、饭否网、美团网三个中国知名网站的联合创始人，所以一提到他，很多人脑海里想到的一个词语就是连环创业者。他是在毕业后，没有丰富的职业经历就开始创业的大学生创业者。

王兴就是人们口中常说的那种天才少年，高中没有参加高考就被保送到清华大学，毕业后拿到全额奖学金去了美国特拉华大学，师从一位获得MIT计算机科学博士学位的大陆学者高光荣，随后归国创业。在两次不算成功的创业之后，王兴创立了中国版Facebook——校内网，并很快风靡大学校园。2006年10月，校内网被千橡互动集团以200万美元收购。2007年5月，王兴创办了饭否网，这也是中国第一个类似Twitter的项目，但该网站在发展态势良好之际被关闭，这让王兴的事业大受挫折。2010年3月，王兴上线了新项目——美团网，并在千团大战中脱颖而出，稳居行业前三，先后获得红杉和阿里的两轮数千万美元的融资。

王兴身上有着深刻的危机感，他以马化腾曾经说过的一句话来自省："巨人倒下的时候身体还是温暖的。"在他看来，在这个持续激烈变化的行业，美团距离破产始终只有几个月的时间。

贯穿王兴创业史总共有三项成功秘诀：

一是几乎所有的项目都来自美国互联网行业的先驱者，王兴和他的团队紧紧跟随着美国互联网的发展。甚至在知乎上有人提问王兴，除了把国外的东西带到国内，还做了什么？王兴倒是不太讳言这个问题，甚至表示还看过这个帖子，他认为："创业主要是看你给什么用户提供什么样的服务，这才是最核心的价值。至于是不是原创，可能并不重要。"王兴说泰康保险创始人陈东升曾经提过一个观念，率先模仿也是创新，陈东升也是一个连环创业者：创业内容分别为拍卖、快递，包括最后的保险。在王兴看来："要承认国外确实比我们先进，在互联网领域更是如此，确实是他们先发明了东西，然后碰到问题，再去解决用户的需求。就像现在的汽车都是四个轮子一个方向盘，不是国外做四个轮子，在中国做五个才叫创新。"

二是王兴从创业开始，核心团队几乎不变，虽然偶有分分合合，但最终还是能够走到一起。王兴认为："创业本来是件蛮不容易的事情，最好的团队肯定是能合而不同，就是大家的技能、一些观点不会完全一致，要不然就完全重复了，但是能够和谐地为一个目标而努力。"

三是吸取曾经的创业经验。在多次创业失败后，王兴总是能在失败的过程中学到经验和教训，并且加以改进。例如现如今的O2O项目，在曾经的校内网做推广时，王兴的团队就曾经做过类似的业务。

请学生思考以下问题。

1.阅读材料并上网查阅资料，王兴的创新与创业体现在哪些方面？（字数不少于500字）。

_____

_____

_____

_____

_____

_____

_____

_____

_____

2.阅读材料并上网查阅材料，谈谈你对创新与创业关系的看法。（字数不少于500字）

_____

_____

_____

_____

_____

_____

_____

_____

_____

3.小组以创新与创业的关系为主题进行讨论，并整理归纳，推举一名组员在课堂讲台进行演讲（限时5分钟）。台下学生对各个组员代表的演讲内容重点进行记录，教师随机抽查几名学生，要求被抽查的学生分条复述各个组员代表演讲的重点内容。

演讲重点内容的记录区域：

_____

_____

_____

_____

_____

_____

_____

_____

_____

_____

_____

任务三　认知创业教育与创业精神

活动一：创业教育

北京大学深入推进创新创业教育改革

北京大学认真学习贯彻习近平总书记关于教育的重要论述，深入落实中共中央、国务院关于深化高校创新创业教育改革的决策部署，将创新创业教育贯穿人才培养全过程，以"全国大众创业万众创新示范基地"及国家级创新创业学院建设为抓手，在统筹资源、课程育人、以赛促创等方面持续发力，积极营造校园"双创"环境氛围、优化校园"双创"生态，努力培养更多高素质的创新创业人才。

统筹资源投入，完善"双创"工作格局。成立创新创业学院，作为人才培养单位，负责学校创新创业教育与实践相关政策的制定及工作实施，统筹全校创新创业生态与资源，探索建设可持续发展的创新创业课程体系及教育模式，努力培养具有中国情怀、国际视野、世界一流的创新创业领军人才。2022 年，北京大学入选首批国家级创新创业学院建设单位。优化科研管理组织架构，将科学技术协会调整至创新创业学院，将其学术交流、科技普及、技术推广和社会治理等方面职能作用融入创新创业工作，加强科创融合；将极客实验室调整至创新创业学院，进一步促进科创融合、产创融合。聚焦高科技创业，鼓励"双创"工作者主动走进动力电池与储能材料、生物医药转化等学科前沿实验室，与师生交流"双创"设想，加快推动科技成果转化。依托学校全国"双创"示范基地优势资源，加强与国内示范基地企业和产业园区合作，积极引入各类资源为师生服务，引导学生瞄准产业"真需求"开展"双创"活动。建设 5 000 余平方米的"全球大学生创新创业中心"，为学生创业提供场地和公司注册服务。北大创业训练营、北大科技园等在全国开设 19 个众创空间与孵化器，链接 28 家投资机构，进一步营造良好的创新创业环境。围绕促进专业教育与"双创"教育相融合，不断加强创新创业学院与各学部协同联动，通过定期座谈研讨、经验交流等形式，推动校内"双创"工作上下联动、一体贯通。

打造精品课程，构建"双创"育人体系。探索构建"认知育能、创意实践、市场对接"的"双创"教育三阶赋能模式，建设 260 余门创新创业相关课程，分布于 6 大学部、19 个院系，推动形成院系专创融合课程、全校"双创"公选课、学校创业训练营实训课程广泛涵盖、依次递进、有机衔接的"双创"课程体系。开设国际化创新产品、空气动力学基础与实践、创新工程实践、创新产品研发、社会创新与社会企业、信息技术前沿与产业创新等课程；与相关科技企业合作开设人工智能与机器人概论与实践、虚拟仿真创新实践等课程。建立创新创业教育导师人才库，聘请知名科学家、创业成功者、企业家等行业优秀人才，担任创新创业教育课程授课或指导教师，并制定兼职教师管理规范，不断提升指导队伍的规范化、专业化水平。以创新创业教育改革为重点，结合大学生创新创业新趋势、新特点，出版《创新工程实践》《图解创新管理经典》《创意传播管理》等相关教材，与教师课程教学过程形成有效融合与有益促进。实行全部"双创"课程面向全校学生开放，方便不同专业背景学生组合创业，有效促进学科交叉，进一步激发学生的创新思维。

坚持以赛促创，营造"双创"良好生态。秉持"以赛促教、以赛促学、以赛促创"理念，连续举办 21 届校内创业大赛，推动学院层面开展多样化的"双创"赛事，吸引上万人次学生参与；学校"双创"团队连续 4 年获得中国国际"互联网+"创新创业大赛金奖，其中在第八届大赛中获得 4 金 1 银 1 铜的良好成绩。围绕获奖项目开展专题宣传，并组织实践团队前往井冈山革命根据地、三江源国家公园等地进行实地考察学习，进一步深刻领悟习近平总书记给"青年红色筑梦之旅"活动大学生重要回信精神，引导学生树立正确的创业观。着眼解决学生创业的后顾之忧，真正做到"扶上马送一程"，先后发布与修订《北京大学深化创新创业教育改革实施方案》《北京大学本科生学籍管理办法》等文件，优化学籍管理政策，出台创新创业学分积累与转换制度，畅通学生保留学籍休学创业渠

道，设立创新创业奖学金，为学生创新创业提供政策保障。近年来，有160余名学生保留学籍休学创业。深入开展大学生创新创业训练计划，近年来平均每年立项500余项，结题400余项，着力为创新创业教育改革发展提供有力支持。

（来源：北京大学）

请学生思考以下问题。

1.阅读材料，北京大学是从哪些方面进行创新教育改革的？具体实施措施有哪些？

_____

_____

_____

_____

_____

_____

_____

_____

_____

2.你认为创新教育的意义有哪些？结合身边实例，谈谈你的看法。（字数不少于800字）

_____

_____

_____

_____

_____

_____

_____

_____

_____

_____

3.阅读材料并上网查阅材料，你认为学校可以从哪些方面进行创业教育的创新？
（字数不少于 500 字）

_____

_____

_____

_____

_____

_____

_____

_____

4.小组讨论问题 3（限时 10 分钟），整理并归纳小组最终建议，形成书面的讨论结果。
（字数不少于 800 字）

_____

_____

_____

_____

_____

_____

_____

_____

活动二：创业精神

创业精神是指在创业者的主观世界中，那些具有开创性的思想、观念、个性、意志、作风和品质等。创业精神有五大要素，包括激情、积极性、适应性、领导力和雄心壮志。

无论是创业者还是企业员工，都要具备创业精神。当我们拥有了奋发向上、积极进取、追求进步、建功立业的精神状态，一定会做到无坚不摧。

1. 活动名称：圆你一个梦（表1-3）

表1-3　如何实现你的梦想

序号	内容	方式	具体方法	备注
1	我的一个梦	我想要……	把梦想写出来	
2	开口问	我要告诉……	要把你的梦想告诉别人	
3	问对人	我要去问……	问已经在这方面取得成功的人	
4	问什么	我的问题是：（1）……（2）……	明确问最重要的环节、步骤	
5	问到底	我要问为什么呢？结果怎样？怎么做的？……	问清楚每个环节和细节、构想、结果	
6	先付出	我要为他先做点什么……	要先为你要问的人创造价值	
7	后行动	今天就开始做……	制定策略，马上行动	
8	预期结果	在一周之内一定要实现……	最好给自己一个时间表	

2. 活动内容

在横线上填写你的梦想。可以填任何事物，如和喜欢的人在一起，获得一件东西或一本书。

_____

_____

3. 活动步骤

（1）开口问。不要把梦想放在心上，而是主动大胆地写出来，然后去寻求相关信息：问"百度"或者问相关的人。只留在心底的梦想，有时候仅仅跟做梦一样，过段时间就忘记了。

_____

_____

_____

_____

（2）问对人。问那些已经取得成功的人，只有他们才能给你正确的答案，因为他们亲身经历过。

在选择你要问的人时，先要考虑：他是否比你成功？他是否已经取得了你想要的成果？如果不是，继续想下一个人选，因为在山脚下徘徊的人，永远没法告诉你如何登上顶峰。

成功的关键之一就在于问对人。问错了，他所指的方向就是错的。你如果按他说的去做，就是在重复一个错误的技巧，只会使你错得更离谱，而绝对不会使你成功实现梦想。

_____

_____

_____

_____

_____

（3）问什么。将你需要了解的最重要的环节、具体的实施方案和所发生的问题等逐一记录下来，并把记录表复印几份带在身上，想起什么问题就随时记下来，等找到合适的人问好以后，再记录下来。

1）有疑问的地方：_____

①谁可以给我帮助：_____

②答案：_____

_____

③解答情况：_____

_____

2）有疑问的地方：_____

①谁可以给我帮助：_____

②答案：_____

_____

③解答情况：_____

_____

3）有疑问的地方：_____

①谁可以给我帮助：_____

②答案:_____

_____

③解答情况:_____

_____

4)有疑问的地方:_____

①谁可以给我帮助:_____

②答案:_____

_____

③解答情况:_____

（4）问到底。从开始的动机到最后的结果，问清楚每个细节，了解对方的构想、做法和观点，当时的环境和条件，以及整个事情发展的全过程。

_____

_____

_____

_____

_____

_____

_____

（5）先付出。你需要先为你要问的人做出贡献，对方才会主动想办法来帮助你。

_____

_____

_____

_____

_____

_____

_____

（6）后行动。要成功就马上开始行动。行动之前要想好从哪里开始，应该怎样去做。

_____

_____

_____

_____

_____

_____

_____

_____

（7）预期结果。按照你的策略，制定一个时间表，最好在一周之内完成。

_____

_____

_____

_____

_____

_____

_____

_____

_____

4. 活动探讨

小组成员推举一名组员，将小组成员填写的记录内容整合成一张表，以百分制为评价基准，同学间不记名打分，最后授课教师综合评议，并挑选出较佳的记录内容，由作者上讲台对记录内容进行讲解。

拓展阅读

优化营商环境，"近悦远来"推进高质量发展

"水深则鱼悦，城强则贾兴。"优化营商环境是市场经济健康发展的需要，也是我国深化体制改革的必然趋势。党的十八大以来，习近平总书记高度重视优化营商环境，作出一系列重要指示，强调"营商环境只有更好，没有最好"。在党的二十大报告中，习近平总书记更是提出了"完善产权保护、市场准入、公平竞争、社会信用等市场经济基础制度，优化营商环境"的明确要求。2023年6月2日，国务院总理李强主持召开国务院常务会议，强调"要把打造市场化、法治化、国际化营商环境摆在重要位置，进一步稳定社会预期，提振发展信心，激发市场活力，推动经济运行持续回升向好"。

对营商环境的认识，在我国具体经济实践中是在五个维度上不断深化的。第一，对营商环境范畴的认识经历了从"窄"向"宽"的转变，从一般特指以招商政策优惠为主要代表的狭义规制环境，转变为"企业生态系统"观念下的综合性概念；第二，对营商环境构成要素的理解经历了从"硬"到"软"的升级，从早期理解为交通、通信、水电等基础设施及人力资本、生态环境等各种硬件层面要素，转变为将影响商事主体经营的社会、文化和制度等软环境要素作为营商环境的重要部分；第三，营商环境的服务对象经历了从"大"到"新"的拓展，从20世纪70年代主要为大企业降低成本、优化选址决策服务，转变为重点服务中小企业和创业企业；第四，营商环境优化的主要抓手经历了从聚焦招商引资政策到全方位"放管服"改革的深化，从加强基础设施建设、减免税收、提供财政补贴等招商引资政策为主，转向以政府职能改革"放管服"为主线；第五，营商环境优化经历了从中央重视到地方推进的过程，优化营商环境不仅是发展地方经济的重要突破口，而且是各地方政府行政职能转变的重要着力点。

营商环境的优劣水平决定了生产要素资源的集聚与流向。党的十八大以来，在以习近平同志为核心的党中央的坚强领导下，优化营商环境工作取得了显著成就。数据是最有说服力的事实：2022年，中国实际使用外资1 890多亿美元，创历史新高，比三年前增加了近500亿美元，中国依然是全球投资高地。2020年世界银行营商环境评估报告中，我国营商环境达到了全球最佳水平的77.9%，排名位列世界31位，并连续两年被世界银行评选为全球营商环境改善幅度最大的10个经济体之一。过去办一个企业乃至开办个体工商户耗时费力，有的要几个月甚至一年，而现在一般只要几个工作日即可办结。以前工程建设项目审批被喻为"万里长征"，现在不超过120个工作日，

有的地方压减到80个工作日以内。各地蓬勃兴起的自贸试验区建设，全面实施市场准入负面清单制度，清单管理措施比制度建立时压缩了60%以上，极大便利了经营主体投资兴业。

"不满是向上的车轮。"在看到成绩的同时，我们也应该看到，当前，不同地区营商环境改革成效仍有落差。整体上看大城市营商环境优于中小城市、南方优于北方、东部优于中西部。一些地方仍违规设置市场准入，"玻璃门""旋转门""弹簧门"更加隐蔽，建设全国统一大市场仍然任重道远。重复检查、多头执法、"新官不理旧账"等还在一些地区、一些领域存在，一定程度损害了政府公信力。

好的营商环境就像阳光、水和空气，对经营主体而言须臾不可缺少。中国特色社会主义已进入新时代，经济已经由高速增长阶段转向高质量发展阶段。营造一流营商环境是政府提供公共服务的重要内容，也是实现高质量发展的重要基础和关键一环。这可进一步从以下几个维度聚力：

一是坚持以市场化为引领，加大改革力度不断释放巨大市场潜力。作为营商环境优化最具有代表性的措施，过去十年间，我国政府"放管服"改革不断向纵深发展的过程中，我国行政审批制度改革取得了突破性进展。6月2日国务院常务会议又强调，要"通过深化营商环境重点领域改革，切实增强政策有效性"。当前，要以加快推进构建高效规范的全国统一大市场为契机，以降低企业经营成本为目标，更深更广推进市场化改革，进一步破除地方保护主义和市场分割壁垒，充分发挥市场在资源配置中的决定性作用，更好发挥政府作用，推动资本、资源、商品、服务、数据等各种资源要素在全国范围内合理流动和高效集聚，充分调动包括外资企业、内资的民营企业和国有企业在内的所有企业的积极性，让创新创业涌流，市场活力迸发。

二是坚持以法制化为支撑，改善市场预期提振发展信心。公平正义的法治环境是良好营商环境的一个重要维度。对于投资者而言，市场经济基础制度的完备与优化，能让投资者看到稳定的预期，可以消除企业对投资后经营过程无法判断的疑虑，减少企业投资行为中的不确定性，为投资者带来稳定的基本预期，使投资者不再困于选择、惑于竞争，变得敢于挑战、乐于投资。因此，要进一步完善市场准入、公平竞争、社会信用等市场经济基础制度，加快建设高标准市场体系，不断优化国企敢干、民企敢闯、外企敢投的制度环境。政府要坚持依法行政，对各类企业一视同仁、平等对待，坚决防止和杜绝粗暴执法、选择性执法。特别是当前新产业革命正在深入推进，现代产业体系建设迫在眉睫，保护创新、支持创业则成为优化营商环境关键内容。通过知识产权的保护、企业产权的保护、投资合约中政府责任承诺的法制化、合理的沉没成本设定等，给企业开展产业创新、技术创新吃下"定心丸"。

三是坚持以国际化为标准，优化服务吸引"八方来客"。中国高水平开放格局的形成，不仅仅是依靠将资本"引进来"、通过国际贸易"走出去"实现的，更是通过打造国际化营商环境，为开放性世界经济提供中国经验。当前，逆全球化思潮抬头，单

边主义、保护主义明显上升，特别是有的国家"筑墙设垒""脱钩断链"，企图打压我国的发展。

在这样的背景下，我国外资外贸的基本盘面临着巨大的挑战和压力。但无论国际形势如何变化，中国都将坚定不移扩大对外开放，开放的大门会越来越大。这就要求在进一步优化营商环境的工作中，更加主动地对接高标准国际经贸规则，进一步放宽市场准入，支持各类开放平台加快形成与国际通行规则相衔接的制度体系和监管模式。特别是要发挥数字技术在营商环境涉及的各个要素、环境中的作用，从企业的全生命周期出发，利用人工智能等前沿技术，通过提升政务服务的"智"量，进一步"倒逼"服务效率提升，以降低企业成本、稳定市场预期、增强国际竞争力，让外商外企更切实地体会到，投资中国就是选择了更好的未来。

（来源：凤凰网）

自我评价

完成实训一后，自我对本次实训的完成情况进行评价。（分条对每次活动中自我表现进行评价，字数不少于 500 字）

_____

_____

_____

_____

_____

_____

_____

_____

_____

_____

_____

_____

_____

❯❯考核评价

完成本次实训后，采用过程性评价和结果性评价相结合的方式，综合运用自我评价、小组评价和教师评价三种方式，由任课教师确定三种评价方式占总成绩的比例，加权计算出每个学生完成本实训活动的考核评价分数。

考核评价表

总评价分数		班级	
学号		姓名	
评价方式	评价内容	分值	分数
自我评价	活动参与情况	40	
	活动完成质量	30	
	能力掌握情况	30	
小组评价	活动参与程度	40	
	小组活动贡献度	30	
	小组沟通及合作情况	30	
教师评价	活动参与情况	40	
	活动完成情况	30	
	活动贡献程度	30	
总评价分数 = 自我评价分数 ×（ ）%+ 小组评价分数 ×（ ）%+ 教师评价分数 ×（ ）%=			

实训二
大学生创新思维与创新能力

📝 实训目标

1. 能够充分认识创新思维。
2. 能够灵活运用创新思维。
3. 能够掌握几种创新方法。

☀ 提示

1. 开始任务前进行分组，宜 5 ~ 6 人为一组。
2. 结合课堂时间进行实训，若时间不足，活动可由授课教师择选。

任务一　认识创新思维

活动一：创新思维的认知

【片段一】

美心防盗门

美心防盗门是我国防盗门行业排名靠前的品牌，可该品牌是如何发展成为一个大品牌的，多数人并不知晓。1989 年，夏明宪在重庆开着一个小小的五金杂货铺，忽然间他发现来买水管接头的客户越来越多，他觉得很奇怪、不理解，四处打听后他发现原来是一些比较富有的山城人，为了保证人身和财产安全，买水管接头焊接起来做成铁门防盗。夏明宪发现这个秘密后，意识到自己发家致富的商机来了，于是他租了一个废置的防空洞，买来所需的工具及材料，通过刨、锯、焊、磨等方式开始制作防盗铁门。没过多久，他做出了 20 多扇防盗铁门，并赚了一大笔钱，挖得了人生的第一桶金。后来他越做越大，不断发展，创立了今时今日的美心防盗门。

【片段二】

夫妻老店

在日本东京有一家专卖手帕的"夫妻老店"，由于超级市场的手帕品种多、花色新，他们无法与之竞争，生意日趋惨淡。一天，丈夫坐在小店里漠然地注视着过往行人，忽然灵感飞来，"手帕上可以印花、印鸟、印水，为什么不能印上导游图呢？一物二用，一定会受到游客们的青睐！"于是，这对老夫妻立即向厂家定制一批印有东京交通图及有关风景区导游图的手帕，并且广为宣传。这个点子果然灵验，销路大开。

【片段三】

默克尔牙膏

美国默克尔牙膏公司生产了一种泡沫十分丰富的牙膏，投放市场后很受欢迎，因为当时不少消费者认为泡沫丰富就是好牙膏。

可是几年以后，公司的销售业绩却停滞下来，每个月仅能维持大致差不多的销量。董事会对这样的业绩表现感到不满，在年末召开全国经理级高层会议商讨对策。

会议最后决定：有偿征集建议，谁的建议能让销售额翻一番，就奖励谁 10 万美元。第二天，有名年轻人将建议写在一张纸条上交给了总裁，总裁一看立马拍案叫好，当即奖励年轻人 10 万美元，并拍板第二年按年轻人的建议去实施。更换新包装后，牙膏的销售额果然翻了一番。

其实，年轻人的建议很简单：将现有的牙膏开口扩大 1 毫米。因为大多数消费者挤牙膏都有一个相同的习惯，挤出与牙刷前端的刷毛相同的长度，口径扩大 1 毫米，每天牙膏的用量自然会多出不少。

后来，这则故事被当作经典成功案例被人引用，引用者挖掘出这则故事的启示：在试图增加产品销量时，绝大多数人总是在大力开拓市场、笼络更多的顾客方面做文章，如果你转换一下思维，增加老顾客的消耗量也能够达到同样的目的。

能够从另一个角度看问题，见人之所未见，善于突破常规，就是创新思维。

请学生思考以下问题。

1.阅读并结合材料，你认为什么样的思维才算是创新思维？（字数不少于 500 字）

2. 阅读并结合材料，你认为创新思维的特征有哪些？（字数不少于 300 字）

3. 除问题 2 所涉及的特征外，你认为创新思维还有哪些特征？请结合身边或网络实例作答。（字数不少于 500 字）

4.组内讨论问题 3 的各自观点，并整理归纳小组最终结论。(限时 10 分钟)

_____

_____

_____

_____

_____

_____

5.阅读并结合材料，你认为创新思维与一般思维有什么区别？(字数不少于 300 字)

_____

_____

_____

_____

_____

_____

6.如果你是【片段一】或【片段二】或【片段三】的亲历者，你会有什么不同于他们的创新思维呢？请任选两个【片段】，撰写一段属于自己的创新思维 (字数不少于 300 字)，并组内讨论 (限时 10 分钟)。

_____

_____

_____

_____

_____

_____

活动二：创新思维的过程

【片段一】

盾构施工法

19世纪20年代，英国要修一条穿越泰晤士河的地下隧道。如果采用传统的支护开掘法，松软多水的岩层就很容易塌方。法国工程师布伦诺尔为此一筹莫展。

一天，他无意中发现有只小虫使劲儿往坚硬的橡树皮里钻。细心的布伦诺尔注意到那只小虫是在其硬壳保护下进行"工作"的，此情此景使他恍然大悟：河下施工为什么不能采用小虫的掘进技术呢？

循着这条思路，布伦诺尔发明了"盾构施工法"，也就是先将一个空心钢柱打入岩层中，而后在这个"盾构"保护下进行施工。采用了这样的方法后，他顺利地完成了对松软岩层的施工。100多年来，"盾构施工法"得到了很大的发展，已经应用于各种岩层条件。

在这里，那只以壳护身、敢钻橡树皮的小虫成了"创新源"，使得工程师联想到了水下隧道施工技术，两者的共同点是"壳"。盾构代替了支护，是一项了不起的创新思维。

【片段二】

温泉蛋

台湾省的一位朋友曾分享过一个营销的案例。他的一个朋友前年欠了2 000万元新台币外债，快要倾家荡产了。去年上半年，他的朋友却把钱还上了。出于好奇他打听到——这家伙在卖鸡蛋。他就更奇怪了，卖鸡蛋半年能赚2 000万元新台币，怎么做到的？后来知道他的朋友在一个温泉旅游景点卖鸡蛋，他就和另外几个朋友想暗访他的这个朋友怎么卖鸡蛋半年赚2 000万元新台币的。跑到那里一看，看到"温泉蛋"三个字的大招牌，号称是用当地最好的温泉煮出来的，好吃又保健，而且包装得很漂亮。游客都在排队购买，不是买200个就是买300个，甚至买400个、500个的都有。以他们五个人计算，就算一个人吃5个，五个人也才吃25个。进去一看才知道，付了钱的人在那里留完联系方式就走了，真正拿鸡蛋走的没几个，买得少的才自己提着。买完一吃才发现鸡蛋确实好吃。那么到底卖多少钱呢？一个鸡蛋相当于人民币2元钱。我们都知道鸡蛋在中国大陆平均每个5毛钱的成本，卖2块钱真的很赚。怎么可以卖这么多呢？很简单，定位不一样。他的朋友定位很简单，当地是旅游景点，每天有好几千大陆同胞去他那里旅游，他把鸡蛋定位成礼品。

买礼品有几个障碍点：太贵了，承受不了；太便宜了，送不出手。而"温泉蛋"不仅有台湾特色，又很便宜，2元钱一个，一盒20个才40元钱，送出去既不降低档次，又有差异化，所以很适合送给自己的亲朋好友。送礼品还有一个问题：你去外面旅游，你会提几十盒东西回来送礼吗？肯定不会。他帮游客消除了这个问题，他直接找一家快递公司帮游客寄，游客回到家里，蛋也到家里了；也可以送到游客朋友的家里，以游客的名义，附赠一封标准的送鸡蛋的信。你出去旅游，花40元钱买一份超值的礼物送给亲朋好友，是否有障碍？一切都满足需求。所以，那些旅游团每天都有人去他那里签字，会给所有记得的朋友邮寄，为什么？只因为太便宜了。

请学生思考以下问题。

1.阅读并结合材料，你认为【片段】中的主人公取得成功的原因是什么？

_____

_____

_____

2.阅读并结合材料，谈谈创新思维的过程是什么，每个阶段都经历了什么？

_____

_____

_____

_____

3.收集网络上有关创新思维的经典案例，组内对其创新思维的各个阶段进行讨论（限时 10 分钟），整理并归纳组员收集到的经典案例，分条罗列各个经典案例创新思维的过程内容。

_____

_____

_____

_____

_____

_____

_____

_____

_____

_____

_____

任务二　训练创新思维

活动一：突破思维定式

据说，美军 1910 年的一次部队的命令传递是这样的：

营长对值班军官："明晚 8 点钟左右，在这个地区将可能看到哈雷彗星，这种彗星每隔 76 年才能看到一次。命令所有士兵着野战服在操场上集合，我将向他们解释这一罕见的现象。如果下雨，就在礼堂集合，我为他们放一部有关彗星的影片。"

值班军官对连长："根据营长的命令，明晚 8 点钟哈雷彗星将在操场上空出现。这种彗星每隔 76 年才能看到一次。如果下雨，就让士兵穿着野战服列队前往礼堂，这一罕见的现象将在那里出现。"

连长对排长："根据营长的命令，明晚 8 点，非凡的哈雷彗星将身穿野战服在礼堂中出现。如果操场上下雨，营长将下达另一个命令，这种命令每隔 76 年才会出现一次。"

排长对班长："明晚 8 点，营长将带着哈雷彗星在礼堂中出现，这是每隔 76 年才有的事。如果下雨，营长将命令彗星身穿野战服到操场上去。"

班长对士兵："在明晚 8 点下雨的时候，著名的 76 岁的哈雷将军将在营长的陪同下身着野战服，开着他那"彗星"牌汽车，经过操场前往礼堂。"

请学生思考以下问题。

1. 阅读材料，你认为材料中命令的传递体现了哪种思维定式？除此之外，还有哪些常见的思维定式？

---

2. 联想生活中所发生的思维定式的表现实例，组内进行讨论，并对组内讨论结果进行整理与归纳。（限时 15 分钟）

_____
_____
_____
_____
_____
_____
_____
_____
_____
_____
_____
_____
_____
_____
_____
_____
_____
_____
_____
_____
_____

活动二：激发创新思维

活动内容：

组与组之间随机分成甲、乙两组。其中一组质疑"人必有一死"，另一组质疑"司马光砸缸"，先由甲组对上述问题展开质疑，由乙组对甲组组员质疑的创新性进行打分评价。然后，由乙组质疑甲组组员提出疑问的理由。

质疑要点记录区域：

_____

_____

_____

_____

_____

_____

_____

_____

_____

_____

_____

_____

_____

_____

_____

_____

_____

_____

_____

活动三：训练创新思维

活动内容：

组织一场辩论赛，通过学生自荐的方式推举 10 人分成两组进行辩论，辩论的主题为"文化传承与创新哪个更重要"，辩手分析论点，找出论据，辩论赛宜控制在 30 分钟内。其余学生对辩论赛全程辩论要点进行记录，辩论结束后，由授课教师负责总结。

辩论要点记录区域：

_____

_____

_____

_____

_____

_____

_____

_____

_____

_____

_____

_____

_____

_____

_____

_____

_____

_____

活动四：避开思维误区

人们在进行思维创新时，往往会遇到图 2-1 所示的思维误区，这些思维误区会严重制约创新思维的产生。

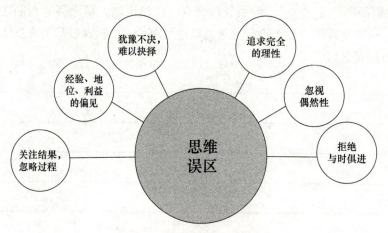

图 2-1　思维误区表现示意

请学生思考以下问题。

1. 结合图 2-1 及你生活中的例子，谈谈你遇到过的思维误区。（字数不少于 500 字）

_____

_____

_____

_____

_____

_____

_____

_____

_____

_____

_____

_____

_____

2. 除图 2-1 中列出的思维误区外，在你的生活中还有哪些原因也会致使你产生思维误区？（至少列出 3 点，并以实例说明）

_____

_____

_____

_____

_____

_____

_____

_____

_____

3. 组内探讨问题 1 和问题 2（限时 10 分钟），再推荐一名组员代表在课堂讲台进行演讲（限时 5 分钟）。台下学生对各个组员代表的演讲内容重点进行记录，教师随机抽查几名学生，要求被抽查的学生分条复述各个组员代表演讲的重点内容。

演讲重点内容的记录区域：

_____

_____

_____

_____

_____

_____

_____

_____

_____

任务三　巩固与培养创新能力

活动一：学习头脑风暴法

1. 活动讲解

当一群人围绕一个特定的兴趣领域产生新观点的时候，这种情境就叫作头脑风暴。头脑风暴的特点是没有拘束原则，自由思考，展开想象。活动限时 25 分钟。

2. 活动要求

为使学生畅所欲言，互相启发和激励，达到较高效率，必须注意以下几点要求：

（1）防止出现一些"扼杀性语句"和"自我扼杀语句"。"这根本行不通""你这想法太陈旧了""这是不可能的""这不符合某某定律"及"我提一个不成熟的看法""我有一个不一定行得通的想法"等语句，禁止在会议上出现。

（2）所有学生一律平等，将各种设想全部记录下来。

（3）鼓励巧妙地利用和改善他人的设想。这是激励的关键所在。

（4）独立思考，不允许私下交谈，以免干扰别人的思维。爱因斯坦说："学会独立思考和独立判断比获得知识更重要。"不下决心培养思考习惯的人，便失去了生活的最大乐趣。应当把发展独立思考和独立判断的能力始终放在首位，而不应当把获得专业知识放在首位。

（5）会议提倡自由奔放。随便思考、任意想象、尽量发挥，想法越新、越怪越好，因为它能启发人推导出好的观念。

（6）不强调个人的成绩，应以小组的整体利益为重，注意和理解别人的贡献。

3. 活动步骤

（1）准备阶段。以小组为单位，确定小组讨论的问题，例如，在一张边长为 30 厘米的纸张上如何画 1 米高的人物。将最终讨论的结果填入下画线中。

_____

_____

_____

_____

_____

_____

（2）头脑风暴阶段。

1）推举一人为主持人，简明扼要地介绍有待解决的问题。

2）小组成员畅所欲言。

3）记录每个组员的想法。

_____

_____

_____

_____

_____

_____

_____

4）结束会议。

（3）选择评价阶段。

1）将每个小组的想法整理成若干方案，再根据相关标准进行筛选。

2）经过反复比较，优中择优，最后确定 1～3 个最佳方案。

_____

_____

_____

_____

_____

_____

_____

（4）授课教师对各小组头脑风暴活动进行汇总并评价。

活动二：学习"5W2H"法

候机厅的小卖部

某航空公司在机场候机室二楼设置小卖部。候机厅每天人来人往，可奇怪的是，小卖部自开张之日起便一直门庭冷落。该航空公司的公司经理采用"5W2H"法进行了问题筛查，最后发现问题出在 Who（人员）、Where（地点）及 When（时间）三个方面。

（1）Who（人员），谁是顾客？机场小卖部在开设时便确定目标顾客是入境的旅客，但是这些旅客不需要上二楼。在二楼停留的大部分是送客或接客的人，他们完全可以在市内的商场里购物，不必到机场小卖部来买东西。

（2）Where（地点），小卖部设置在何处？原来旅客出入境的路线都是经海关检查后，直接从一楼左侧离开，根本不需要走二楼。小卖部的位置没有设在旅客的必经之路上。

（3）When（时间），何时购物？入境的旅客不上二楼，那么出境的旅客便成了潜在顾客，但是他们也只有在办完行李托运等相关手续后才有时间和精力去小卖部，而机场却规定旅客登机前才能将行李办理托运，这样出境的旅客根本没有时间光顾小卖部。

由此可见，小卖部生意不佳的原因有三个：未能留住目标顾客和潜在顾客；小卖部的位置偏离了旅客的必经之路；旅客没有购物时间。

针对这三个原因，经理与航空公司协商，调整了旅客行李托运时间和旅客出入境路线，从而保证了充足的客源，小卖部生意日益红火起来。

请学生思考以下问题。

1.阅读材料并查阅相关资料，对候机厅小卖部采用"5W2H"法提出问题并进行思考。（字数不少于 500 字）

2. 采用"5W2H"法选取身边的事物进行分析，提出问题并进行思考。（字数不少于500字）

_____

_____

_____

_____

_____

_____

_____

_____

_____

_____

_____

_____

_____

_____

_____

_____

_____

活动三：学习六顶思考帽法

六顶思考帽法是一个用于全面思考问题的模型，最显著的特点在于使思维主体在一定时间内只使用一种思考方式（帽子）进行思考，有助于使混乱的思维变得更清晰，其中每一顶帽子代表不同的思考方向。六顶思考帽的操作步骤如图 2-2 所示。

第一步
白色思考帽
白色是表示中立而客观的颜色
代表事实和数据

运用
陈述问题事实
思考、搜集各环节的信息，收
取各部门存在的问题，找到
基础数据

第二步
绿色思考帽
绿色是表示春天的颜色
代表创意

运用
提出解决问题的建议
各层管理人员都用创新思维
去思考，并提出各自的办法、
建议、措施

第三步
黄色思考帽
黄色是表示乐观的颜色，代表与逻辑
符合的正面观点

运用
评估建议的优点
对所有的想法从正面角度逐个
进行分析

第四步
黑色思考帽
黑色是表示消极的颜色
意味着警示与批判

运用
评估建议的缺点
对一种想法的危险性和隐患
进行分析，找出最佳切合点

第五步
红色思考帽
红色是表示激情的颜色，
代表直觉、感受和预感

运用
对各种方案进行直觉判断
依据经验、直觉，对已经
过滤的问题进行分析、
筛选，做出判断

第六步
蓝色思考帽
蓝色是表示冷静的颜色，
代表整体控制

运用
总结陈述、得出结论
对思考顺序进行调整和控制，
有时还要"刹车"。因为，观点可
能正确，也可能有误，所以，应随时
调换思考帽，进行不同角度的
分析和讨论

图2-2 六顶思考帽法操作步骤

请学生思考以下问题。

参照六顶思考帽法，完成活动二"候机厅的小卖部"的分析。（小组组内合作完成，限时15分钟）

_____

_____

_____

_____

_____

_____

_____

_____

_____

_____

活动四：学习缺点列举法

在一堂生活课上，教师用智力激励会的形式让大家提出目前国内使用的体温表的缺点。

学生纷纷说，容易碎（表体是玻璃）、使用不方便（要解开衣服放置）、不卫生（消毒后轮流使用）、看不清刻度（要转动表体找刻度）、测试时间长（至少5分钟）、存放不方便、水银有毒（破碎后不好清理）、能够弄虚作假、冬天使用时发凉、只能从一面看刻度（其他角度看不见）、夜间无光线时无法使用、重病患者夹持不住、测量精度低、表体太光滑容易脱落、样式单一、功能单一、易污染环境、使用前要甩动表体（有些人不易掌握该方法）、技术落后（靠液体受热膨胀）、盲人无法使用（无法读数）、测量位置单一、小孩看了害怕等。

教师根据学生列举出的缺点逐条找出产生缺点的原因，针对产生缺点的原因，让学生继续思考并提出相应的改进设想或改进的具体方法。

有的学生说为改变易碎、不卫生、使用不方便的缺点，应该设计一种一次性高敏测温纸，贴在身上可测温。纸的颜色可随温度发生变化，类似pH试纸，包装可呈卷尺或书本状，用一次撕一条。

还有的学生说将测量体温元件与手表或手表带组合在一起，制成柔性体温表。

其他同学也纷纷表达了自己的想法：体温表和退烧药物组合在一起；采用音乐定时；鸣叫式报体温，供盲人使用；电子测温表，数字显示、可报时间、测好后鸣叫；不接触身体的测体温系统。

请学生思考以下问题。

1. 阅读材料，整理并归纳缺点列举法的步骤。

_____

_____

_____

_____

_____

_____

_____

_____

2. 根据问题 1 整理并归纳出的缺点列举法的步骤，联系身边熟悉的事物，进行分析。

_____

_____

_____

_____

_____

_____

_____

_____

_____

3. 组内讨论问题 2（限时 10 分钟），再推荐一名组员代表在课堂讲台进行讲演（限时 5 分钟）。台下学生对各个组员代表的演讲内容重点进行记录，教师随机抽查几名学生，要求被抽查的学生分条复述各个组员代表演讲的重点内容。

演讲重点内容的记录区域：

_____

_____

_____

_____

_____

_____

_____

_____

如何养成创新思维

——学习习近平总书记关于创新思维的重要论述

习近平总书记在党的二十大报告中明确提出要"坚持创新在我国现代化建设全局中的核心地位"，并强调领导干部要不断提高创新思维能力。实际上，习近平总书记在党的十九大和十九届历次全会及中央党校举办的省部级主要领导干部专题研讨班的重要讲话中，也曾经多次强调创新的重要性，谆谆教诲领导干部必须培养创新思维。

构成创新思维的关键要素

"创新思维"已成为习近平总书记近几年在不同场合讲话中使用的高频热词。创新思维能力，就是破除迷信、超越陈规，善于因时制宜、知难而进、开拓创新的能力。"明者因时而变，知者随事而制。"提高创新思维能力，要求领导干部从根本上打破迷信经验、迷信本本、迷信权威的惯性思维，破除因循守旧、思想僵化、形式主义和无所作为，以敢为人先的锐气、勇于开拓新的方向，在把握事物发展客观规律的基础上实现变革和创新。

习近平总书记的重要论述中，一方面强调要善于应对变化的形势、善于打破思维的定式；另一方面又强调要有敢于冲破旧格局、锐意进取的勇气，同时还明确要紧紧把握住事物发展的客观规律，认为这是实现变革和创新的基础。我们学习习近平总书记的重要论述，就是要领会其精神实质，对创新思维的三要素"全面、准确的信息采集""理性而活跃的分析思考""改革创新的担当勇气"有具体而深入的理解和认识。

创新思维的表现形式

在"创新思维"这个词里，"创新"是作为定语的形容词，用以修饰作为名词的"思维"，其落脚点是"思维"，但重点在"创新"。思维简单地讲就是思考问题的过程，包括人们对客观存在的认知、分析与推理，乃至得出的判断、结论和形成的对策。创新性的思维，就是要用超越陈规、因时制宜的思维方式对待我们遇到的困难和问题，提出有独到见解、有显著效益的工作思路和解决方案。

在讨论"创新思维"时，应该先对"创新"有一个清晰的认识。创新从形式来看，一种是回顾性的，或者称为批判性的创新，即对前人提出的发现或者权威理论、现有的政策与管理模式、技术与方法进行质疑和挑战，通过批判性地继承、发扬、修正与完善来创新。这种形式的创新在我国的工业领域表现为"引进、消化、吸收、再创新"，高铁技术就是一个典型的例子；另一种是前瞻性的，或者称为开拓性的原始创新，也就是通常所说的从0到1的创新，如青蒿素治疗疟疾。值得注意的是，原始创新并不是天上突然掉下来一个新发现，0并不代表完全的虚无，青蒿素成为抗疟药既有古代中医的启示，也有现代化学萃取技术的支撑，更有以屠呦呦教授为代表的专家们千百次的反复试验。

创新思维体现在众多领域

从创新的领域来看，有理论创新、管理创新、文化创新、科学发现和技术创新等多种类型。中国共产党百年的成功实践就是在面临一次次变化的形势和重大转折时，能够及时地提出与之相适应的理论并有一支强大的队伍去贯彻落实，比如根据中国革命的特点而提出的农村包围城市、武装夺取政权的正确革命道路，就是在马克思主义指导下的中国革命理论的重大创新。中华人民共和国成立特别是改革开放以来，我国的繁荣发展更是伴随着一系列管理方面的创新。例如，家庭联产承包责任制的推广，不仅大幅度提高了农业生产力、改变了农业的管理方式，也推动了经济领域的全面改革和全社会思想的解放。党的十八大以来，许多重要的理论与理念，如党的自我革命、马克思主义与中华优秀传统文化相结合、中国式现代化等，都是具有重大意义的理论创新成就。

至于科学发现和技术创新，现代科学史上有两个划时代意义的案例。一个是20世纪50年代DNA双螺旋结构的发现，直接催生了生命科学和医学领域全面的、爆发式的发展和进步；另一个是20世纪40年代诞生的电子计算机，把人类推进到了信息时代。这两项创新正在改变着人们的生活方式、思想方式乃至伦理道德，也必将改变人类社会发展的轨迹。

正是因为各个领域创新的巨大效益，习近平总书记指出，"面对日益激烈的国际竞争，我们必须把创新摆在国家发展全局的核心位置，不断推进理论创新、制度创新、科技创新、文化创新等各方面创新"，并且认为"综合国力竞争说到底是创新的竞争"，"在激烈的国际竞争中，惟创新者进，惟创新者强，惟创新者胜"。

创新思维源起于全面、准确的信息采集

任何创新的成果都是创新思维和科学实践相结合的产物，而每一次创新都必定起源于创新思维。创新是自然科学的工作常态，也是自然科学的恒定目标，自然科学的创新思维可以给我们一些启示。通常情况下，自然科学的创新成果都会通过学术论文的方式介绍给国内外同行，所以，阅读科技论文便可以了解到该项成果创新思维的过程。论文的前言即研究背景，会介绍该项工作的起源（哪些作者哪一年开启了这项工作）、后来的进展和现状（哪些作者证实了或发展了这项工作）、对这项工作有哪些不同的看法、还存在哪些问题需要明确，以及本项工作着手解决的问题和解决这些问题的思路。前言后面会介绍具体的研究材料、研究方法、研究结果和研究结论，并要说明与同类研究的异同点、这项工作的创新点、理论与实际应用的价值等。

从上述内容可以看出，其实自然科学的这种思维模式同样也适用于社会科学领域。我们要形成对某一项社会管理工作的创新思维，首先就是要掌握全面的情况，要了解其历史起源、发展过程、目前的状态、存在的问题、关联方的利益纠葛、国际国内同类工作的处理方式等。只有获取了全面、准确的信息，才有创新思维的基础。而在社会实践中，信息的获取靠的是扎实的调查研究，所以，习近平总书记在2011年中央党

校秋季学期第二批入学学员开学典礼上的讲话指出"调查研究是做好领导工作的一项基本功，调查研究能力是领导干部整体素质和能力的一个组成部分"，并在党的十九届一中全会上提出"要在全党大兴调查研究之风"，在党的二十大报告中要求"促进党员干部特别是领导干部带头深入调查研究"。我们应该深入一线、深入基层、深入实际、深入群众，不仅要听汇报、到实地掌握一手资料，而且要真正了解问题的症结和发展演变过程，搞清楚群众的真实诉求和心愿，使我们的创新思维具备厚实的基础。

创新思维产生于理性而活跃的分析思考

创新思维仅仅有全面的信息掌握是不够的，还要有加工处理这些信息的创新思维能力。要借助逻辑思维的严谨推理，梳理工作中各个方面的内在联系，厘清上下游、厘清层级，明确各种因素中"乘客"和"司机"的关系，找到主要驱动者、次要驱动者和其他参与者，这样的思考才能更加精准、更有针对性，不至于眉毛胡子一把抓；要善于运用历史思维的方式，从过去看现在，从现在看将来，找出其发展的脉络和内在运动变化的规律，这样的思考才具有深邃性，才能有大格局、有前瞻性；要懂得运用比较思维的方式，比较国际上同类问题的情况，比较国内其他地方同类问题的情况，通过比较看差异，通过差异懂借鉴，这样的思考才能拓宽视野、少走弯路、博采众长；要学习辩证思维的方法，学会去粗取精、去伪存真、由表及里，透过千头万绪的环节抓住问题的关键，透过盘根错节的关系抓住主要的矛盾，透过差异巨大的诉求寻求对立中的统一，不至于陷入"非黑即白"的简单误判。

除这些惯常使用的思维模式外，还有一些其他思考问题的方式，如转换思维、逆向思维、发散思维、跳跃思维等，都能够给我们带来创新的灵感。比如，17世纪针对海运贩卖过程中奴隶受虐大量死亡的情况，由离岸付费改为到岸付费就是一个转换思维的典型例子，它比任何道德说教更能唤起船主对奴隶生命的保护意识。大家熟知古代司马光砸缸的故事，司马光面对落水的小伙伴，他没有拘泥于常规的"救人离水"思维模式，而是运用逆向思维，用石头把缸砸破来挽救小伙伴的性命。现代社会人们越来越背离博弈论中的"零和规则"，运用发散思维的模式，努力达成竞争中的"互赢"甚至"多赢"局面。我们常说的"羊毛出在猪身上"则是信息社会里面跳跃思维的生动实践，许多互联网公司并不靠主业获取利润，而是通过第三方实现其盈利模式。

创新思维离不开改革创新的担当勇气

值得我们重视的是，习近平总书记在党的二十大报告中要求全党"不断提高战略思维、历史思维、辩证思维、系统思维、创新思维、法治思维、底线思维能力，为前瞻性思考、全局性谋划、整体性推进党和国家各项事业提供科学思想方法"，把创新思维与其他六种思维方式并列提出来，作为领导干部的能力来要求。事实上，这七种思维方式各有侧重，又相辅相成，好的战略思维里面一定有历史思维、系统思维、辩证思维和创新思维，也一定包含法治思维和底线思维；好的创新思维必定是基于历史、统筹全局、富有战略性和前瞻性，也必定是守底线、有边界的。

日常工作中，我们都在自觉或不自觉地运用上述各种思考问题的方式，而且这种思维能力会随着工作经历的丰富愈加成熟。然而，很多情况下创新思维绝不仅仅是能力的问题，更主要的是担当与勇气的问题；而担当和勇气的背后则是深厚的人民情怀、强烈的历史责任感、对远大理想的坚持和执着。也就是说，创新思维有"善思"的问题，但更多时候是"敢思"和"敢为"的问题。各种各样的重大创新，必定会与旧的格局、旧的观念和惯性思维发生冲突，常常是在质疑声中诞生、在打压下成长、在困境中挣扎、在磨炼中"破茧成蝶"；即使在自然科学领域中，创新思维也难免招来同行怀疑的眼光、面临研究过程的艰难困苦。所以，习近平总书记在党的二十大报告中又指出，要"加强干部斗争精神和斗争本领养成"，明确提出新时代的"三个务必"：务必不忘初心、牢记使命；务必谦虚谨慎、艰苦奋斗；务必敢于斗争、善于斗争。

惟创新者胜

当前，世界百年未有之大变局加速演进，新一轮科技革命和产业变革深入发展，国际力量对比深刻调整，我国发展面临新的战略机遇。我国发展进入战略机遇和风险挑战并存、不确定难预料因素增多的时期。习近平总书记指出，"当代中国的伟大社会变革，不是简单延续我国历史文化的母版，不是简单套用马克思主义经典作家设想的模板，不是其他国家社会主义实践的再版，也不是国外现代化发展的翻版"，"如果我们不识变、不应变、不求变，就可能陷入战略被动，错失发展机遇，甚至错过整整一个时代"。这些论断高瞻远瞩、含义深远，对于我们在工作中提振改革创新的勇气，提升善于思考、善于创新的能力都具有极大的鼓舞和指导作用。

（来源：《学习时报》）

❯ 自我评价

完成实训二后，自我对本次实训的完成情况进行评价。（分条对每次活动中自我表现进行评价，字数不少于500字）

_____

_____

_____

_____

_____

_____

_____

❯考核评价

完成本次实训后，采用过程性评价和结果性评价相结合的方式，综合运用自我评价、小组评价和教师评价三种方式，由任课教师确定三种评价方式占总成绩的比例，加权计算出每个学生完成本实训活动的考核评价分数。

考核评价表

总评价分数		班级	
学号		姓名	
评价方式	评价内容	分值	分数
自我评价	活动参与情况	40	
	活动完成质量	30	
	能力掌握情况	30	
小组评价	活动参与程度	40	
	小组活动贡献度	30	
	小组沟通及合作情况	30	
教师评价	活动参与情况	40	
	活动完成情况	30	
	活动贡献程度	30	
总评价分数 = 自我评价分数 ×（　　）%+ 小组评价分数 ×（　　）%+ 教师评价分数 ×（　　）%=			

实训三
创业者的行为养成

📝 **实训目标**

1. 能够掌握成为合格创业者的行为养成方法。
2. 能够灵活运用市场调查分析及方法。

💡 **提示**

1. 开始任务前进行分组，宜 5～6 人为一组。
2. 结合课堂时间进行实训，若时间不足，活动可由授课教师择选。

任务一　创业者的准备

活动：创业者的准备

魏立华的创业动机

从行业创新大奖到国家最高荣誉，魏立华和他掌舵的君乐宝这两年以势如破竹的姿态，揽获各项荣誉。

1995 年，魏立华依靠 9 万元资本、3 间平房、1 台酸奶机、2 台人力三轮车进入了乳业。公司取名石家庄市君乐宝乳品公司。

1995 年 5 月 18 日，袋装产品出来了。魏立华觉得口感很不错，但零售店却因为它没名气都不愿意卖。一天，魏立华看到红旗大街上有个冷饮店生意特别火，就过去和老板搭讪，然后帮着搬冰糕和牛奶。看他忙活了半天，老板说，你明天拿一箱产品来试试吧。结果当天卖光了，第二天还来了差不多 80% 的回头客。魏立华顿时有了很强的信心。

发展到第二年，君乐宝定下的全年销售指标就已经全部超额完成。1997年，君乐宝销售额突破了1 000万元。从2000年开始，君乐宝大力拓展省外市场，销售扩展到河南、山东等地。2001年，袋装活性乳产品的市场占有率位居行业前列，2007年年底推出"红枣"酸奶，2008年又进军东北。这一年，君乐宝在全国酸奶市场做到了第三名。

在魏立华的创业历程中，创新成为一个极其重要的关键词。"做企业就要不断改革创新去解决新问题。如果一味跟风市场，永远不会有突破。"自1995年创立以来，从"红枣"酸奶开养生类酸奶先河，到"纯享"引高端饮用型酸奶风潮，再到如今"涨芝士啦"创芝士酸奶新品类，君乐宝创造了许多经典产品。

2012年，魏立华与合作伙伴参加中国包装协会的一个代表团，到德国参加国际包装展览会。代表团有几十个人，除魏立华外，几乎每个人都是一下飞机安顿好就立刻出去买婴儿奶粉，一箱一箱拿，有时把药店的奶粉都拿光了，当时售货员那异样的眼神深深刺痛了魏立华的心。

之后15天的行程中魏立华一张名片都没好意思发。别人问他是做什么的，他也不说是石家庄做奶的。回程途中，魏立华心绪难平，他想着君乐宝一定要在河北做一次奶粉，觉得如果不做心里永远会有一种阴影，头无法真正抬起来。

"君乐宝做奶粉不纯粹是为了挣钱，要挣钱做酸奶就已经很好，我们要挣回尊严，不让我们的国人再为了一罐奶粉，不远万里从国外背回来！"魏立华坚定地说。

当魏立华准备做奶粉时，他请来的资深营销专家却并不支持。专家建议他不要在国内做奶粉，更不要在河北做；放弃君乐宝的品牌，在国外注册商标重新生产。魏立华毫不犹豫地拒绝了这位专家的建议。

魏立华说："水到绝境成飞瀑。我们改革开放以来走过的路，不也是在不断爬坡过坎吗？不能遇到困难就趴下。奶粉行业出了问题，就得想办法解决。从哪儿跌倒就要从哪儿爬起来，我们做奶粉必须在石家庄做，必须用君乐宝原来的品牌。我们没有退路只能做到，因为我们别无选择。我们要给石家庄老百姓一个交代，给河北老百姓一个交代，给中国人一个交代。"于是在一片反对声中，君乐宝乳业在河北石家庄做起了婴幼儿奶粉。

推进之路筚路蓝缕。让成人接受一种新的酸奶容易，可让父母接受一种新的婴幼儿奶粉非常困难。2014年4月12日，君乐宝奶粉上市，因为没有实体渠道愿意卖，只好做网络和电话直营，采取赠送的办法开展推广。一直到年底，君乐宝亏了不少钱。当时有部下亏钱亏得都没脸见魏立华了，但魏立华给他发了一个越南自卫反击战的片子，告诉他："这些战士为了国家民族连性命都可以奉献，咱们就是赔点钱，你怕什么？况且赔的还是我的钱！"

再次被鼓舞的营销团队士气大振，欧盟认证、牧场工厂参观、各类促销活动，可以说是挖空了心思。就在这点点滴滴的努力中，一批批的消费者注意到了君乐宝。上线一个月，销量突破了600万元。凭借超高的质量和适中的价格，君乐宝奶粉被不少消费者称为奶粉中的"小米"。

2014年，由于奶粉工厂通过了IFS和BRC两大国际认证，又投入了足够的资源，君

乐宝在当年"双十一"时一举成为天猫销量排行榜中的奶粉品牌。"优质优价"的君乐宝奶粉通过电商渠道打开销路，到了2015年下半年，君乐宝奶粉不够卖了，各工厂的产能也开满了。第一个工厂开满了，第二个投产，并且开始规划第三个。

君乐宝努力做中国乳业的良心、创新和破局者。在一个被看作"不可能"突破的行业，君乐宝凭借真诚在短短三年内做到12亿元，成为国产奶粉"逆袭"成功的经典案例。正是这种真诚，让君乐宝成为国产奶粉成长快的品牌。魏立华坦言，君乐宝今天的成功，正是源于当时的"别无选择别无退路"。

魏立华是一名奋斗24年的奶业"老兵"，也是一名5年的奶粉业"新兵"，他站在重拾中国奶业信任的风口浪尖，努力成为"中国奶粉业破局者"。

（来源：好妞妞食品招商网）

请学生思考以下问题。

1. 阅读并结合材料，你认为魏立华的创业动机是什么？其驱动因素又是什么呢？

_____

_____

_____

_____

_____

2. 扪心自问，自己是否具有强烈的创业意愿呢？你觉得影响自己创业意愿的因素有哪些？在进行创业前，应做好哪些准备？（字数不少于500字）

_____

_____

_____

_____

_____

_____

_____

3. 组内讨论问题 2（限时 10 分钟），再推荐一名组员代表在课堂讲台进行讲演（限时 10 分钟）。台下学生对各个组员代表的演讲内容重点进行记录，教师随机抽查几名学生，要求被抽查的学生分条复述各个组员代表演讲的重点内容。

演讲重点内容的记录区域：

任务二　创业者的市场调查

活动一：创业者自身评估

1. 活动目的

测评自己是否适合创业和是否具备创业能力。

2. 活动说明

本次活动可以帮助学生判断自己是否适合创业和具有多少创业者潜力。本次活动由一系列陈述句组成，请根据实际情况，从"完全符合""很符合""不太符合""完全不符合"中选择最符合自己的特征答案。在选择时，请一定要根据第一印象回答，不要过多停留思考。

3. 活动测试

活动测试表见表 3-1。

表 3-1　活动测试表

序号	项目	完全符合	很符合	不太符合	完全不符合
1	你具备了丰富的经营知识，让公司能够正常地运作				
2	你经常参加创业类社团或组织的活动				
3	只要学校有关于创业的大赛，你就会积极地参加				
4	你已经有了详细的创业规划，对你的创业已经充满了期待				
5	你时常接受关于创业的教育，来增加你的创业意识				
6	你会利用自己空闲的时间去兼职，并积累了丰富的实践经历				
7	你的公司的经营需经历许多风险，你敢于接受这些风险				
8	你非常自信和独立，认为事情成败是自身能力可把握的				
9	你在平常的生活圈中，总是具有威信，行动像个领袖				
10	如果一个物件出现在你眼前，你脑子会出现类似的物体				
11	你做一件事情时，总是果断干练				
12	每一天你会以全新的面貌对待生活，精力也十分充沛				
13	你敢于面对困难，有一种初生牛犊不怕虎的精神				
14	你具备独自处事的经验和社会经历				
15	你认为自己的想法很成熟，希望别人认同自己的想法				
16	你年轻有活力，敢于拼搏，勇于接受挑战				

序号	项目	完全符合	很符合	不太符合	完全不符合
17	你为自己制定了目标，并且实现个人目标的愿望强烈				
18	你创业的态度在于追求名利、地位				
19	你很希望被社会认可，做出一番事业来				
20	你就是为了积累金钱和财富而创业的				
21	你希望经过自己创业来回报社会，为社会做出贡献				
22	你的父母有自己的企业，能够帮助你创业				
23	你朋友的创业经历对你创业有一定的鼓励				
24	在学校有宽松的校园创业文化氛围				
25	现在虽然没有自己的企业，但你打算将来创立自己的企业				
26	如果现在打算创业，你会选择与自己专业有关的企业类型				
27	你有强烈的愿望创业，来实现你心中的梦想				

活动评判：

"完全符合"得 4 分，"很符合"得 3 分，"不太符合"得 2 分，"完全不符合"得 1 分，满分为 108 分。

（1）65 分以下说明创业意识比较淡薄，建议适当放弃创业想法；

（2）65～90 分说明具有创业的冲动；

（3）90 分以上说明创业意识较强，可以开始准备创业。

活动二：市场调查分析

市场是古代时期人类对于固定时间段或地点进行交易的场所的称呼，是指买卖双方进行交换货物的场所。到今天为止，市场有两种含义，一是指交易场所，如传统市场、股票市场、期货市场等；二是指交易行为的总和，即市场不仅仅指交易场所，还包括了所有的交易行为。所以，当人们谈论到市场和市场规模等词汇时，还包含消费者、消费水平和消费欲望三个要素，而不是仅仅指向交易场所的大小，还要考虑消费行为是否活跃。广义上讲，所有产权发生转移和交换的关系都可以称为市场。

市场调查是指运用科学的方法，系统地收集、记录、整理和分析有关市场信息，从而了解市场发展变化的现状和趋势，以顾客需求为导向，为市场预测和经营决策提供科学依据的过程。因此，市场调查的重点在于它是一套科学的方法，并以顾客需求为导向，为市场经营决策提供依据。

在此基础上，为了创业成功而进行的调查研究活动或调查工作称为创业市场调查。创业市场调查与市场调查，在理论和方法上是相通的。

1. 活动名称

市场调查分析。

2. 活动内容

（1）项目选择。小李是一线城市的准大二学生，他来自工薪家庭，所学专业是土木工程。请从以下三个项目中，挑选一个适合他的项目，并说明理由。（此问也可调整为学生所学专业，并由此选择适合的项目，并说明理由）

1）承包工程。

2）承接工程招标投标咨询。

3）售卖工程领域取证培训课程。

_____

_____

_____

_____

（2）经营环境调查。（选3条，对调查重点进行描述）

1）政治法律环境：

_____

_____

_____

2）经济环境：

_____

_____

_____

3）社会文化环境：

_____

_____

_____

4）科学技术环境：

_____

_____

_____

5）地理气候环境：

_____

_____

_____

（3）市场行情调查。

_____

_____

_____

_____

_____

_____

_____

_____

（4）热门行业分析。

_____

_____

_____

_____

_____

_____

_____

_____

（5）消费者情况调查。

1）消费者的需求调查：

_____

_____

_____

_____

2）消费者的分类调查：

_____

_____

_____

_____

（6）竞争对手调查。

_____

_____

_____

_____

（7）销售策略调查。

_____

_____

_____

_____

3.活动方法

请从现场观察法、询问法、资料分析法与实验调查法中，选择一种方法进行市场调查，说说你具体准备如何采用该方法。

_____

_____

_____

_____

_____

4.活动讨论

组内讨论（限时15分钟），整理并归纳一份小组讨论后的市场调查方案，再推荐一名组员代表在课堂讲台进行讲演（限时15分钟）。台下学生对各个组员代表的演讲内容重点进行记录，教师随机抽查几名学生，要求被抽查的学生分条复述各个组员代表演讲的重点内容。授课教师综合评定最终成果。

演讲重点内容的记录区域：

_____

_____

_____

_____

_____

_____

_____

_____

_____

_____

_____

_____

_____

以青年创新之力 为实体经济赋能 党的二十大报告让青年创业者备受鼓舞

"实体经济是立国之本，是中国经济的基石。我们扎根实业，也更加坚定了继续为之奋斗的决心。"听到党的二十大报告里强调坚持把发展经济的着力点放在实体经济上，"爸爸的选择"创始人兼CEO王胜地感到十分振奋，"实体企业市场发展空间广阔，动力强劲，未来可期。"

"建设现代化产业体系，坚持把发展经济的着力点放在实体经济上""全面推进乡村振兴，坚持农业农村优先发展""创新是第一动力"……连日来，党的二十大报告中的诸多表述在青年创业者群体中引发热议。他们备受鼓舞、信心十足，纷纷表示报告对实业企业做了充分肯定，为企业高质量发展指明了前进方向，将以青年创新创业之力，继续在现代化新进程中砥砺奋进。

2015年互联网创新创业浪潮正盛，王胜地却转身投向制造业，做起了纸尿裤研发生产。"那时希望新国货品牌能够崛起，并销往全球。"原材料短缺，他顶着压力建立了位于安徽滁州的原材料生产基地，与山东临邑的研发生产基地一同形成了全产业链的高速运转，销售网络还搭建到了海外。

这些年来，王胜地最关心的是实体经济。"从国家政策到金融投资，都在大力支持、引导实体企业高质量发展。我们在做牢产业根基的同时，也将发力创新新材料研发，把科研成果写在祖国大地上。"他说："希望越来越多的青年创业者投身实业，用科技与知识的力量共同创造更大的社会价值，我们一直相信年轻人奋斗的力量。"

我国经济是靠实体经济起步的，也要靠实体经济走向未来。劲霸男装创始人洪肇明曾说："一个人一辈子能把一件事情做好就不得了。"自1980年创业以来，他们的发展伴随着时代的浪潮。

在90后"劲三代"、劲霸男装CEO兼创意总监洪伯明看来，"企业42年发展的沉淀，也是对国家实力增强和市场需求变化的呼应"。

学习党的二十大报告后，洪伯明说："我们要以中国品牌讲述中国故事，展现中国文化自信和大国风貌。我们将深刻领会、紧密结合实际，既持续探索创新，保持企业活力，也要以消费者为中心，携手国人一起打造高端新国货。"

壮大实体经济，离不开科技创新支撑，也离不开人才保障。近年来，中国广袤田地上吹响了"乡村振兴"的号角，吸引了大批返乡创业青年扎根土地，围绕传统农业产业升级做文章。北京老栗树聚源德农业科技发展有限公司创始人李思鹏就是其中一员。他返乡创办的"老栗树"品牌，如今已发展成为集种植、农产品加工、电子商务、休闲观光和文化创意产业于一体的板栗产业。

听到报告内容，李思鹏非常激动，他说："传统农业有很强的实体属性，在农业现代化的路上，我们聚焦家乡特产板栗进行加工，开办合作社和工厂，既串联起了产业，又促进了当地就业。实业兴邦，也希望通过返乡创业青年的力量和视角，鼓励和影响更多年轻人重新认识家乡、重新认识产业，把更多年轻力量和活力注入乡村。"

实体经济产业体系庞大，小微企业在其中发挥着重要作用。随着时代的发展，科技创新含量不断融入产业升级转型和高质量发展中，新一代青年创业者贡献了强大的创新创造力。

95后禤俊鹏是简从科技创始人，在广东东莞松山湖国际机器人产业基地注册公司之前，就已瞄准了建筑行业的智能化升级。"建筑行业还处在自动化程度很低的阶段，但市场规模又很大。"他们推出的防水粘接砂浆铺设机器人，因在屋顶施工过程中铺设精度高、美观且高效而得到了好评，另一款智能施工机器人也正在进行工艺验证。

和很多实体企业一样，这两年，建筑业和房地产业也遭受了不小的冲击。"长期以来我们都在思考，公司未来的发展应该往哪个方向走。党的二十大报告让我们感到十分振奋，更加坚定了我们初创公司的发展方向，要坚持把智能建造的赛道走下去。人们追求美好幸福的品质生活，也会强调建筑的品质，这是我们擅长的，也将在未来迎来大好机遇。"禤俊鹏说，今年，他们开始探索研发道路标线自动化绘制、道路安全监测等道路建设自动化设备。

"在党的二十大报告对实体经济重点强调下，相信实体经济将会继续蓬勃发展，数字化赋能实体经济也将是大势所趋。"中国青年五四奖章获得者、九尾科技创始人兼CEO王锐旭说："在数字经济的带动下，人力资源市场呈现出以数字化赋能帮助企业降本增效的趋势。实体经济相关行业将成为未来人才供需的新高地。"

近年来，九尾科技相继推出了三大招聘平台，为超过147万家企业和4 400万用户提供就业服务。王锐旭说："在服务实体经济企业的过程中，我们感受到实体经济强劲的经济发展潜力和广阔的发展空间。为加快数字中国建设，激发数字经济活力，企业的未来发展需要更关注数字化发展。未来，我也将继续带领公司做好就业帮扶服务，以数字化赋能就业，助力人力资源行业发展，为支撑实体经济的高质量发展贡献一分力量。"

（来源：中国青年网）

▶ 自我评价

完成实训三后，自我对本次实训的完成情况进行评价。（分条对每次活动中自我表现进行评价，字数不少于500字）

_____

_____

_____

_____

_____

_____

_____

_____

_____

_____

_____

_____

_____

_____

_____

_____

_____

_____

_____

_____

_____

❯ 考核评价

完成本次实训后，采用过程性评价和结果性评价相结合的方式，综合运用自我评价、小组评价和教师评价三种方式，由任课教师确定三种评价方式占总成绩的比例，加权计算出每个学生完成本实训活动的考核评价分数。

考核评价表

总评价分数		班级	
学号		姓名	
评价方式	评价内容	分值	分数
自我评价	活动参与情况	40	
	活动完成质量	30	
	能力掌握情况	30	
小组评价	活动参与程度	40	
	小组活动贡献度	30	
	小组沟通及合作情况	30	
教师评价	活动参与情况	40	
	活动完成情况	30	
	活动贡献程度	30	
总评价分数 = 自我评价分数 ×（　　　）%+ 小组评价分数 ×（　　　）%+ 教师评价分数 ×（　　　）%=			

实训四
创业团队的组建与管理

 **实训目标**

1. 能够充分认知创业团队及自我定位。
2. 能够初步组建与管理创业团队。

提示

1. 开始任务前进行分组，宜 5 ～ 6 人为一组。
2. 结合课堂时间进行实训，若时间不足，活动可由授课教师择选。

任务一　认知创业团队

活动一：团队角色自测

　　剑桥产业培训研究部前主任贝尔宾博士和他的同事们经过多年在澳大利亚及英国的研究与实践，提出了著名的贝尔宾团队角色理论，即一支结构合理的团队应该由八种角色组成。贝尔宾团队角色理论认为，高效的团队工作有赖于默契的协作。团队成员必须清楚其他人所扮演的角色，了解如何相互弥补不足；发挥优势成功的团队协作可以提高生产力，鼓舞士气，激励创新。

　　理论内容：利用个人的行为优势创造一个和谐的团队，可以极大地提升团队和个人绩效。没有完美的个人，但有完美的团队。

　　活动说明：对表 4-1 中问题的回答，可能在不同程度上描绘了您的行为。每题有 8 句话，请将总分 10 分配给每题的 8 个句子（看到描述马上给分，不要有过多的分析）。

分配的原则：最体现您行为的句子分最高，以此类推。最极端的情况也可能是 10 分全部分配给其中的某一句话。请根据您的实际情况把分数填入表 4-1、表 4-2 中。

表 4-1 测试表

序号	问题	得分
1	我认为我能为团队做出的贡献是（ ）。 A. 我能很快地发现并把握住新的机遇 B. 我能与各种类型的人一起合作共事 C. 我生来就爱出主意 D. 一旦发现某些对实现集体目标很有价值的人，我就及时把他们推荐出来 E. 我能把事情办成，这主要靠我个人的实力 F. 如果最终能导致有益的结果，我愿面对暂时的冷遇 G. 我通常能意识到什么是现实的、什么是可能的 H. 在选择行动方案时，我能不带倾向性，也不带偏见地提出一个合理的替代方案	
2	在团队中，我可能有的弱点是（ ）。 A. 如果会议没有得到很好的组织、控制和主持，我会感到不痛快 B. 我容易对那些有高见而又没有适当地发表出来的人表现得过于宽容 C. 只要集体在讨论新的观点，我总是说得太多 D. 我的客观看法，使我很难与同事们打成一片 E. 在一定要把事情办成的情况下，我有时使人感到特别强硬以至专断 F. 可能由于我过分重视集体的气氛，我发现自己很难与众不同 G. 我易陷入突发的想象之中，而忘了正在进行的事情 H. 我的同事认为我过分注意细节，总有不必要的担心，怕把事情搞糟	
3	当我与其他人共同进行一项工作时，（ ）。 A. 我有在不施加任何压力的情况下，去影响其他人的能力 B. 我随时注意防止粗心和工作中的疏忽 C. 我愿意施加压力以换取行动，确保会议不是在浪费时间或离题太远 D. 在提出独到见解方面，我是数一数二的 E. 对于与大家共同利益有关的积极建议我总是乐于支持的 F. 我热衷寻求最新的思想和新的发展 G. 我相信我的判断能力有助于作出正确的决策 H. 我能使人放心的是，对那些最基本的工作，我都能组织得井井有条	
4	我在工作团队中的特征是（ ）。 A. 我有兴趣更多地了解我的同事 B. 我经常向别人的见解进行挑战或坚持自己的意见 C. 在辩论中，我通常能找到论据去推翻那些不甚有理的主张 D. 我认为，只要计划必须开始执行，我就有推动工作运转的才能 E. 我有意避免使自己太突出或出人意料 F. 对承担的任何工作，我都能做到尽善尽美 G. 我乐于与工作团队以外的人进行联系 H. 尽管我对所有的观点都感兴趣，但这并不影响我在必要的时候下决心	

续表

序号	问题	得分
5	在工作中，我得到满足，因为（　　）。 A. 我喜欢分析情况，权衡所有可能的选择 B. 我对寻找解决问题的可行方案感兴趣 C. 我感到，我在促进良好的工作关系 D. 我能对决策有强烈的影响 E. 我能适应那些有新意的人 F. 我能使人们在某项必要的行动上达成一致意见 G. 我感到我的身上有一种能使自己全身心地投入工作中的气质 H. 我很高兴能找到一块可以发挥自己想象力的天地	
6	如果突然给我一件困难的工作，而且时间有限、人员不熟，（　　）。 A. 在有新方案之前，我宁愿先躲进角落，拟定出一个摆脱困境的方案 B. 我比较愿意与那些表现出积极态度的人一道工作 C. 我会设想通过用人所长的方法来减轻工作负担 D. 我天生的紧迫感将有助于我们不会落在计划后面 E. 我认为我能保持头脑冷静，富有条理地思考问题 F. 尽管困难重重，我也能保证目标始终如一 G. 如果集体工作没有进展，我会采取积极措施加以推动 H. 我愿意展开广泛的讨论，意在激发新思想，推动工作	
7	对于那些在团队工作中或与周围人共事时所遇到的问题，（　　）。 A. 我很容易对那些阻碍前进的人表现出不耐烦 B. 别人可能批评我太重分析而缺少直觉 C. 我有做好工作的愿望，能确保工作的持续进展 D. 我常常容易产生厌烦感，需要一两个有激情的人使我振作起来 E. 如果目标不明确，让我起步是很困难的 F. 对于我遇到的复杂问题，我有时不善于加以解释和澄清 G. 对于那些我不能做的事，我有意识地求助于他人 H. 当我与真正的对立面发生冲突时，我没有把握使对方理解我的观点	

表 4-2　评分表

序号	CW	CO	SH	PL	RI	ME	TW	FI
1	G	D	F	C	A	H	B	E
2	A	B	E	G	C	D	F	H
3	H	A	C	D	F	G	E	B
4	D	H	B	E	G	C	A	F
5	B	F	D	H	E	A	C	G
6	F	C	G	A	H	E	B	D
7	E	G	A	F	D	B	H	C
合计								

活动分析：以上八种团队角色分析见表4-3。

表4-3　团队角色分析

项目	团队角色							
	实干家 CW	协调者 CO	推进者 SH	开拓者 PL	外交家 RI	监督者 ME	凝聚者 TW	完美主义者 FI
典型特征	保守、顺从、务实可靠	沉着、自信、有控制局面的能力	思维敏捷、开朗、主动探索	有个性、思想深刻、不拘一格	性格外向、热情、好奇、联系广泛、消息灵通	清醒、理智、谨慎	擅长人际交往、温和、敏感	勤奋有序、认真、有紧迫感
积极特性	有组织能力、实践经验；工作勤奋；有自我约束力	对各种有价值的意见不带偏见地兼容并蓄，看问题比较客观	有干劲，随时准备向传统、低效率、自满自足挑战	才华横溢、富有想象力、智慧、知识面广	有广泛联系人的能力，不断探索新的事物，用于迎接新的挑战	判断力强、分辨力强、讲求实际	有适应周围环境和人的能力，能促进团队的合作	理想主义者、追求完美、持之以恒
能容忍的弱点	缺乏灵活性；对没有把握的主意不感兴趣	在智能和创造力方面并非超常	好激进争端，爱冲动，易急躁	高高在上、不重细节、不拘礼仪	事过境迁，兴趣马上转移	缺乏鼓动和激发他人的能力，自己也不容易被别人鼓动和激发	在危急时刻往往优柔寡断	常常拘泥于细节，容易焦虑，不够洒脱
团队中的作用	1.被谈话与建议转换为实际步骤。2.考虑什么是行得通的，什么是行不通的。3.整理建议，使之与已经取得一致意见的计划和已有的系统相配合	1.明确团队的目标和方向。2.选择需要决策的问题，并明确它们的先后顺序。3.帮助确定团队中的角色分工、责任和工作界限。4.总结团队的感受和成就，综合团队的建议	1.寻找和发现团队讨论中可能的方案。2.使团队内的任务和目标成形。3.推动团队达成一致意见，并朝向决策行动	1.提供建议。2.提出批评并有助于引出相反意见。3.对已经形成的行动方案提出新的看法	1.提出建议，并引入外部信息。2.接触持有其他观点的个体或群体。3.参加磋商性质的活动	1.分析问题和情景。2.对繁杂的材料予以简化，并澄清模糊不清的问题。3.对他人的判断和作用做出评价	1.给予他人支持，并帮助别人。2.打破讨论中的沉默。3.采取行动扭转或克服团队中的分歧	1.强调任务的目标要求和活动日程表。2.刺激其他人参加活动，并促使团队成员产生时间紧迫的感觉

活动二：认知创业团队

【片段一】

唐僧团队

有人说，唐僧之所以能完成取经"大业"，是因为他有一个理想的团队。"唐僧团队"中有 4 种角色：德者、能者、智者、劳者。德者领导团队，能者攻克难关，智者出谋划策，劳者执行有力。因此，"唐僧团队"虽然历经九九八十一难，但最终修成了正果。

德者居上。唐僧具备三大领导素质：第一，目标明确，确定愿景；第二，手握紧箍咒，以权制人；第三，以情感人，以德化人。领导一定要学会进行情感投资，要多与下属交流、沟通，关心其衣食住行，营造和谐、融洽的团队氛围。

能者居前。孙悟空可称得上是领导最喜欢的职业经理人，他有个性、有想法、执行力强，也很敬业、重感情，懂得知恩图报，是非常优秀的人才。

智者在侧。之所以说猪八戒是智者，完全是站在当今社会的角度。当今社会，任何行业的从业人员都要具备自己的生存哲学，才能在一定的工作压力下保持乐天、乐观、圆融的处世之态。对于一个团队来说，这样的成员也能充当团队的"润滑剂"和"外交官"，保持团队内部和外部的融洽与和谐。

劳者居下。沙僧是很好的团队"管家"，他会站在孙悟空的立场说服唐僧，也会站在唐僧的立场劝说孙悟空，他是团队中最吃苦耐劳的人，对团队也是忠心耿耿。

【片段二】

腾讯五虎将

在中国，腾讯公司因为它著名的产品——QQ 而家喻户晓，但也许很少有人知道这个公司的创业团队是怎样组建的。

1998 年深秋，马化腾与他的同学张志东合伙注册了深圳腾讯计算机系统有限公司。之后，公司又吸纳了曾李青、许晨晔、陈一丹 3 位股东。

为避免彼此争夺权力，马化腾在创立腾讯之初就和 4 个伙伴约定清楚，各展所长、各管一摊：马化腾是 CEO（首席执行官），张志东是 CTO（首席技术官），曾李青是 COO（首席运营官），许晨晔是 CIO（首席信息官），陈一丹是 CAO（首席行政官）。

之所以将创业五兄弟称为"难得"，是因为直到 2005 年的时候，这 5 人的创业团队还基本保持这样的合作阵形，不离不弃。直到做到如今的帝国局面，其中 4 人还在公司一线，只有 COO 曾李青挂着终身顾问的虚职而退休。

都说一山不容二虎，尤其是在企业迅速壮大的过程中，要保持创业团队的稳定合作尤其不容易。在这稳定合作的背后，工程师出身的马化腾从一开始对于合作框架的理性设计功不可没。

从股份构成上看，创业之初，5 个人一共凑了 50 万元，其中马化腾出了 23.75 万元，占了 47.5% 的股份；张志东出了 10 万元，占 20% 的股份；曾李青出了 6.25 万元，占

12.5% 的股份；其他两人各出 5 万元，各占 10% 的股份。

虽然主要资金都由马化腾所出，他却自愿把所占的股份降到一半以下，47.5%。"要他们的总和比我多一点点，不要形成一种垄断、独裁的局面。"同时，他自己又一定要出主要的资金，占大股。"如果没有一个主心骨，股份大家平分，到时候也肯定会出问题，同样完蛋。"

保持合作稳定的另一个关键因素，就在于搭档之间的"合理组合"。

马化腾非常聪明，但也非常固执，他注重用户体验，愿意从普通用户的角度去看产品。张志东是脑袋非常活跃，对技术很沉迷的一个人。马化腾技术上也非常好，但是他的长处是能够把很多事情简单化，而张志东更多的是把一件事情做得完美。

许晨晔和马化腾、张志东同为深圳大学计算机系的同学，他是一个非常随和而有自己的观点，但不轻易表达的人，是有名的"好好先生"。而陈一丹是马化腾在深圳中学时的同学，后来也就读深圳大学，他十分严谨，同时又是一个非常张扬的人，他能在不同的状态下激起大家的激情。

如果说，其他几位合作者都只是"搭档级人物"，只有曾李青是 5 个创始人中最好玩、最开放、最具激情和感召力的一个，与温和的马化腾、爱好技术的张志东相比，他是另一种类型。其大开大合的性格，也比马化腾更具攻击性，更像拿主意的人。不过或许正是这一点，也导致他最早脱离了团队，单独创业。

后来，马化腾在接受多家媒体的联合来访时承认，他最开始也考虑过和张志东、曾李青 3 个人均分股份的想法，但最后还是采取了 5 人创业团队，根据分工占据不同的股份结构的策略。后来有人想加钱占更大的股份，马化腾说："不行，根据我对你能力的判断，你不适合拿更多的股份。"因为在马化腾看来，未来的潜力要和应有的股份匹配，不匹配就要出问题。如果拿大股的不干事，干事的股份又少，矛盾就会发生。

【片段三】

小米的创业团队

提到小米的创业团队，很多人对它的第一印象就是人才云集。

乔布斯曾经说过："如果想做出极致的产品，就要找极致的人。"小米的创始人雷军无疑也是这一理念的践行者。为了组建一支极致的创业团队，雷军在创业的前半年花了大量时间在"找人"上，甚至小米的前 100 名员工入职都是他亲自面谈沟通的。

2007 年，雷军带领金山上市后，卸任了金山总裁兼首席执行官职务。之后，他以天使投资人的身份分别投资了多家创新型企业。这些投资经历让雷军以更广的视角看待互联网，并看到了移动互联网中的机会。

2009 年，40 岁的雷军决心"用互联网的方式来做手机"，并开始寻觅人才。他第一个找到的，就是原谷歌中国工程研究院副院长、互联网行业专家林斌。当时的林斌也萌生了创业的想法，他的创业方向是互联网音乐，这让雷军感到惊喜。雷军向林斌介绍了自己的创业想法和小米的商业模式，最终成功邀请林斌加入了自己的团队。

随后，雷军又找到了老熟人黎万强。黎万强曾任金山人机界面设计部首席设计师，金山软件设计中心设计总监、互联网内容总监，是国内最早从事人机界面设计的专业人员之一。

与此同时，林斌也联系到了黄江吉。黄江吉是原微软中国工程院开发总监，先后负责微软商务服务器高性能数据分析系统、多媒体、浏览器、即时通信等多个项目的研发。黄江吉在与雷军的交谈中，发现雷军和自己一样，都是"超级产品发烧友"，两人一见如故。黄江吉还不明确雷军要做的具体是什么，就表明态度，无论做什么，都算他一份。

除了黄江吉，林斌还为雷军挖来了自己的"老下属"洪锋。洪锋曾是甲骨文公司负责服务器性能和大型专业系统的可扩展性 Web 应用程序的首席工程师，后进入谷歌，是谷歌日历、谷歌地图 3D 街景项目的主要负责人，回国后任谷歌中国高级产品经理等职位。洪锋是一个冷静而理性的人，他在与雷军的交谈中，提出了很多雷军无法回答的现实问题。然而也正如他所说，他认为创业团队的价值观必须一致，他认可雷军的想法，最终同意加入团队，负责移动互联网产品的开发。

后来，在洪锋的推荐下，雷军又找到了在工业设计界赫赫有名的刘德。刘德一手创办了北京科技大学工业设计系，是该系的主任，具备国内出众的工业设计水平。

至此，工业设计、用户界面和人机交互、软件工程、移动互联网应用研发及产品设计等人才已经聚齐，但还缺少负责硬件研发的人才。雷军面试了上百人，都找不到合自己心意的，直到有人向他推荐了周光平。周光平曾是摩托罗拉最畅销机型的硬件研发负责人，曾任摩托罗拉北京研发中心高级总监、摩托罗拉个人通信事业部研发中心总工程师及硬件部总监等职位，是手机硬件方面的专家。雷军尝试着约谈了周光平多次，最终，周光平也同意加入小米的创业团队。

自此，小米的 6 位联合创始人全部集齐。在小米的创业团队中，雷军毫无疑问是核心，而围绕在他身边的团队成员，无一不是行业精英。在小米初创时，雷军就坚定了各研发板块独立工作、互不干涉的团队制度，营造了一种轻松的工作氛围，团队成员可以自由地交换意见，传递信息，共同解决问题，这使得团队运作得非常高效，从而能够对市场做出及时而有效的反应，最终创造出小米如今斐然的成绩。

请学生思考以下问题。

1.阅读并结合材料，材料中的创业团队属于什么类型？请说明理由。

_____

_____

_____

_____

2.阅读并结合材料，你认为创业团队的作用有哪些？成功创业团队的特征又有哪些？

_____

_____

_____

_____

_____

_____

_____

_____

_____

_____

3.收集网络上成功创业团队的事例，分析其五大要素分别是什么。

_____

_____

_____

_____

_____

_____

_____

_____

_____

_____

4. 问题 3 中的创业团队与一般团队有何区别？其社会责任又有哪些？（字数不少于 500 字）

_____

_____

_____

_____

_____

_____

_____

_____

_____

5. 结合问题 3 和问题 4，与组员进行探讨（限时 10 分钟），再推荐一名组员代表在课堂讲台进行演讲（限时 5 分钟）。台下学生对各个组员代表的演讲内容重点进行记录，教师随机抽查几名学生，要求被抽查的学生分条复述各个组员代表演讲的重点内容。

演讲重点内容的记录区域：

_____

_____

_____

_____

_____

_____

_____

_____

_____

_____

_____

任务二　组建与管理创业团队

活动一：创业领袖性格测试

在组建创业团队后，如何带好团队是一门艺术，是一种综合性的能力，也是许多创业团队领导者及新晋管理者面临的困扰。有时，也许领导者有很强的专业能力，但不一定具备极强的领导力，表现为不知道如何激励团队成员使他们发挥出各自的最大潜力，不知道如何整合团队从而使团队充满工作热情，不知道如何管理等。想要成为一名优秀的团队领导者，首先需要认知自己，然后了解一个团队的领袖应该具备哪些条件。

1. 活动要求

个人完成"创业领袖性格测试"，查看自己的领导者类型。

2. 活动说明

创业领袖性格测试依据个人性质的不同，将人区分为五大族群，分别是老虎型、孔雀型、考拉型、猫头鹰型及综合各种特质的变色龙型。

3. 计分规则

非常同意（A），记 5 分；比较同意（B），记 4 分；差不多（C），记 3 分；有一点同意（D），记 2 分；不同意（E），记 1 分。计分表见表 4-4。

表 4-4　计分表

序号	问题	A	B	C	D	E
1	你做事是一个值得信赖的人吗？	5	4	3	2	1
2	你个性温和吗？	5	4	3	2	1
3	你有活力吗？	5	4	3	2	1
4	你善解人意吗？	5	4	3	2	1
5	你独立吗？	5	4	3	2	1
6	你受人爱戴吗？	5	4	3	2	1
7	你做事认真且正直吗？	5	4	3	2	1
8	你富有同情心吗？	5	4	3	2	1
9	你有说服力吗？	5	4	3	2	1
10	你大胆吗？	5	4	3	2	1
11	你精确吗？	5	4	3	2	1

序号	问题	A	B	C	D	E
12	你适应能力强吗?	5	4	3	2	1
13	你组织能力好吗?	5	4	3	2	1
14	你积极主动吗?	5	4	3	2	1
15	你害羞吗?	5	4	3	2	1
16	你强势吗?	5	4	3	2	1
17	你镇定吗?	5	4	3	2	1
18	你勇于学习吗?	5	4	3	2	1
19	你反应快吗?	5	4	3	2	1
20	你外向吗?	5	4	3	2	1
21	你注意细节吗?	5	4	3	2	1
22	你爱说话吗?	5	4	3	2	1
23	你的协调能力好吗?	5	4	3	2	1
24	你勤劳吗?	5	4	3	2	1
25	你慷慨吗?	5	4	3	2	1
26	你小心翼翼吗?	5	4	3	2	1
27	你令人愉快吗?	5	4	3	2	1
28	你传统吗?	5	4	3	2	1
29	你亲切吗?	5	4	3	2	1
30	你工作足够有效率吗?	5	4	3	2	1

4. 活动分析

（1）将第 5、10、14、18、24、30 题的得分加起来就是你的"老虎型"分数。

（2）将第 3、6、13、20、22、29 题的得分加起来就是你的"孔雀型"分数。

（3）将第 2、8、15、17、25、28 题的得分加起来就是你的"考拉型"分数。

（4）将第 1、7、11、16、21、26 题的得分加起来就是你的"猫头鹰型"分数。

（5）将第 4、9、12、19、23、27 题的得分加起来就是你的"变色龙型"分数。

（6）假如你有某一项得分远远高于其他四项，你就是典型的这种动物属性。

（7）假如你有某两项得分大大超过其他三项，你就是这两种动物属性的综合。

（8）假如你各项分数都比较接近，恭喜你，你是一个面面俱到、近似完美性格的人。

（9）假如你有某一项得分特别低，想提高自己就需要在那一种动物属性上下功夫了。

领袖性格类型分析见表 4-5。

表 4-5 领袖性格类型分析

项目	领袖性格类型				
	老虎型	孔雀型	考拉型	猫头鹰型	变色龙型
个性特点	有自信，够权威，决断力高，竞争性强，胸怀大志，喜欢评估，企图心强烈，喜欢冒险，个性积极，竞争力强，有对抗性	很热心，够乐观，口才流畅，好交朋友，风度翩翩，诚恳热心，热情洋溢，个性乐观，表现欲强	很稳定，够敦厚，温和规律，不好冲突，行事稳健，强调平实，有过人的耐力，温和善良	很传统，注重细节，条理分明，责任感强，重视纪律，保守，分析力强，精准度高，喜欢把细节条理化，个性拘谨含蓄	中庸而不极端，凡事不执着，韧性极强，善于沟通
优点	具备善于控制局面并能果断做出决定的能力	生性活泼，能够使人兴奋，善于通过建立同盟或搞好关系来实现目标。很适合需要当众表现、引人注目、态度公开的工作	对其他人的感情很敏感，使他们在集体环境中左右逢源	天生就有爱找出事情真相的习性，因为他们有耐心仔细考察所有的细节并想出合乎逻辑的解决办法	善于在工作中调整自己的角色去适应环境，具有很好的沟通能力
缺点	当感到压力时，这类人就会太重视迅速地完成工作，而容易忽视细节，这时他们可能不顾及自己和别人的情感。由于他们要求过高，加之好胜的天性，有时会成为工作狂	因其跳跃性的思考模式，常无法估计细节及对事情的完成执着度	很难坚持自己的观点和迅速做出决定。一般来说，他们不喜欢面对与同事意见不合的局面，他们不愿处理争执	把事实和精确度置于感情之前，这会被认为是感情冷漠。在压力下，有时为了避免做出结论，他们会分析过度	无个性及原则

活动二：组建创业团队

1. 活动要求

（1）组建一个模拟团队，有明确的领导、清晰的分工，发现别人的优点，发挥其长处。

（2）制定团队协作机制，借鉴合作者成功的经验，总结合作失败的教训，模拟问题解决的过程。

2. 活动内容

试以创建一个兴趣培训机构为例（也可以自行决定创建何种项目），模拟项目发起人组建团队的过程，即从构思、做计划，到实施的整个过程，应考虑团队成员的专业背景、权责分配、协作机制、考核等问题。

3. 活动应用表格

（1）团队成员分工及岗位职责表（表 4-6）。

表 4-6　团队成员分工及岗位职责表

序号	成员姓名	概况描述
1		1. 岗位名称及职责： 2. 能力特长： 3. 实践经历：
2		1. 岗位名称及职责： 2. 能力特长： 3. 实践经历：
3		1. 岗位名称及职责： 2. 能力特长： 3. 实践经历：
4		1. 岗位名称及职责： 2. 能力特长： 3. 实践经历：
5		1. 岗位名称及职责： 2. 能力特长： 3. 实践经历：
6		1. 岗位名称及职责： 2. 能力特长： 3. 实践经历：

（2）工作手册（表4-7）。

表 4-7　工作手册

团队名称		
任务实施关键点		
序号	组建步骤	实施策略
1	明确创业目标	
2	制订创业计划	
3	招募合适的人员	
4	职权划分	
5	构建创业团队制度体系	
6	团队的调整融合	

工作小结：

（3）会议纪要（表4-8）。

表4-8 会议纪要

会议主题		会议时间	
参会人		主持人	
会议内容			
会议结论			

（4）考核与评价（表4-9）。

表 4-9　考核与评价

姓名		班级		得分
自我评价 （30分）	自我反思（总结本次活动的完成情况，如掌握了哪些知识和技能，锻炼了哪些能力，收获了什么，自己的不足之处及怎么提升等）			
组员评价 （30分）	团队互评（主要指在团队中的表现情况）			
教师评价 （40分）				
总分（100分）				

活动三：管理创业团队

【片段一】

孔子的故事

孔子一生有三千多名弟子，并培养出七十二贤人，这些人里面有经商的，有当官的，也有平民百姓。很多人觉得奇怪，孔子的弟子都这么有权、这么有钱，却为什么要跟随出身贫寒的孔子，并且终生支持孔子的事业？可见孔子有伟大的思想和人格魅力。他不但能让三千多名弟子终生跟随、不离不弃，而且其所有弟子中从无反叛悖逆之人，可见他的管理水平。

孔子说："道之以政，齐之以刑，民免而无耻。道之以德，齐之以礼，有耻且格。"这句话的大意是：管理者用行政制度来治理人民，百姓不服就用刑法，这样会失去人心，百姓开始投机取巧、趋利避害，即便做错了事也没有羞耻心，这样的百姓很难领导；而管理者用道德学问来教化百姓，用礼仪来规范和约束大众的行为及心理，自然会人心归顺，这样百姓就有了羞耻心，而且懂得自己修正自己。

【片段二】

挥泪斩马谡

三国时代的诸葛亮与司马懿在街亭对战，马谡自告奋勇要出兵守街亭。诸葛亮心中虽有担心，但马谡表示愿立军令状，若失败就处死全家，诸葛亮才勉强同意他出兵，并指派王平将军随行，交代在安置完营寨后须立刻回报，有事要与王平商量，马谡一一答应。可是军队到了街亭，马谡执意扎兵在山上，完全不听王平的建议，而且没有遵守约定将安置营寨的阵图送回本部。之后，司马懿派兵进攻街亭，围兵在山下切断粮食及水的供应，使得马谡兵败如山倒，重要据点街亭失守。事后，诸葛亮为维持军纪而挥泪斩马谡，并自请处分降职三等。

【片段三】

沃尔玛管理浓缩思想——沟通

沃尔玛公司是一家美国的世界性连锁企业，以营业额计算是全球最大的公司，其控股人为沃尔顿家族。沃尔玛主要涉足零售业，是世界上雇员最多的企业，连续四年在美国《财富》杂志全球500强企业中居首。美国沃尔玛公司总裁萨姆·沃尔顿曾说过："如果你必须将沃尔玛管理体制浓缩成一种思想，那可能就是沟通。因为它是我们成功的真正关键之一。"

沟通就是为了达成共识，而实现沟通的前提就是让所有员工一起面对现实。沃尔玛决心要做的，就是通过信息共享、责任分担，实现良好的沟通交流。

沃尔玛公司总部设在美国阿肯色州本顿维尔市，公司的行政管理人员每周花费大部分时间飞往各地的商店，通报公司所有业务情况，让所有员工共同掌握沃尔玛公司的业务指标。任何一家沃尔玛商店都定时公布该店的利润、进货、销售和减价的情况，并且不只是向经理及其助理们公布，也向每个员工、计时工和兼职雇员公布各种信息，鼓励他们争取更好的成绩。

沃尔玛擅长鼓舞员工士气，只要员工有较好的表现，哪怕仅仅是一个好的想法，管理者都会立刻做出积极的反馈，然后"公开大声地"表扬同事，并号召全体同仁效仿。相反，如果同事犯了错误，管理层则会小心地呵护员工"已受伤"的心灵，尽量不在公共场合批评他，而是把他叫到没有人的角落，帮他分析失误的原因，找到改进工作的方法，减轻他的心理负担，最后该处罚还得照样处罚。

如果员工有怨气得不到发泄，也会导致团队气氛紧张，沃尔玛为此专门设置了一些"向上"沟通的渠道。其中的"门户开放"政策允许觉得不满意的员工直接与上级的任意上级沟通，如通过总裁信箱、总裁热线、人事总监热线等，而不用担心受到打击或报复。另外，沃尔玛还有"草根会议"和"人事面谈"等由人力资源部门组织的管理层不在现场的保密的沟通方式，来了解员工对企业、管理层的看法。当然这些越级沟通方式并不能得到跨级领导的直接指示，但他一定会给一些中立的、不带偏见的意见让员工和其领导解决，员工会得到跨级领导"持续保持关注"直到员工满意为止的承诺。

请学生思考以下问题。

1.阅读并结合材料，谈谈你对如何开展创业团队管理工作的看法。（字数不少于500字）

_____

_____

_____

_____

_____

_____

_____

_____

_____

_____

_____

2.在【片段二】中，诸葛亮挥泪斩马谡，是由于马谡没遵照"规章制度"造成的。除此之外，创业团队管理过程中的注意事项还有哪些？结合网络或身边事例具体说明。

_____

_____

_____

_____

_____

3.在【片段一】【片段三】中，孔子、沃尔玛公司是从哪方面进行创业团队结构管理的？除此之外，还可以从哪些方面进行结构管理？请举例说明。

_____

_____

_____

_____

_____

_____

4.问题3中的创业团队与一般团队有何区别？其社会责任又有哪些？（字数不少于500字）

_____

_____

_____

_____

_____

_____

_____

5.结合材料，小组成员围绕创业团队的核心竞争力、创业团队的管理基础、基本原理及方法进行讨论（限时 15 分钟），再推荐一名组员代表在课堂讲台进行演讲（限时 5 分钟），演讲结合材料，也可结合网络或身边事例。台下学生对各个组员代表的演讲内容重点进行记录，教师随机抽查几名学生，要求被抽查的学生分条复述各个组员代表演讲的重点内容。

演讲重点内容的记录区域：

_____

_____

_____

_____

_____

_____

_____

_____

_____

_____

_____

_____

_____

_____

_____

_____

_____

_____

_____

_____

深入学习贯彻党的二十大精神 | 壮大创业群体 夯实"共富"基础

党的二十大报告指出:"发展是党执政兴国的第一要务。没有坚实的物质技术基础,就不可能全面建成社会主义现代化强国。"扎实推进共同富裕,离不开发展这一前提和基础,需要弘扬勤劳致富精神,鼓励劳动者通过勤奋劳动、创新创业实现增收致富。对无锡而言,稳定和壮大创业群体,充分激发和唤醒全社会创业洪流中的草根力量,努力让劳动者"口袋鼓起来",对于打造新时代工商名城、不断夯实共同富裕物质基础具有重要作用。

护航创客群体高质量创业

加强专业指导,可推广江阴市成立退役军人双创学院的做法,选聘机关干部、管理咨询专家、律师、优秀企业家担任创业指导导师,举办特色创业课程培训班、创业论坛、创业沙龙等,为创客提供创业指导。提供"一揽子"政策指导服务,拓展"灵锡"App"惠企通"平台的模块功能,方便快捷检索到一套服务流程、一本政策汇编、一个中介指南"三个一"帮助,职能部门要及时回应创客的问题和需求。规划设立一批主题性创业园区、孵化基地、众创空间等载体,同时配建就业创业服务中心,建议各级职能部门委派专员担任"网络员",定期下沉一线解读政策条文、受理企情民意。发挥扶持政策的"杠杆效应",除落地生效既有的各级惠企纾困政策举措外,应从实际出发,创新、优化财政资金支持方式,例如,针对职业技能培训的奖补资金,可通过考评认可后折算积分,抵扣"蓝领公寓"的租金,体现培训的真实效果。另外,推行金融贴息及租金、会展、宣传等费用分担机制,也是提高财政奖补资金使用效率的有效手段。

厚培"招青引智"土壤

围绕建设青年友好型城市,大力吸引青年创业就业群体来锡立业成家。对此,一要聚力培植地方经济发展动能。通过营造更优营商环境、制定精准产业政策、供给充裕产业空间、引入主导产业"优等生"等举措,把地方的产业做大、做强,让青年人才近者悦、远者来。二要系统、全面推进学业、就业、创业、置业四大"无忧计划"。在强调"宜业"的同时,还应重视新市民的宜居、宜学、宜游、宜育,配套构建一套客观、科学、引领性强的考核评价指标体系。三要帮助青年拓展国际视野。既要把海外高层次人才"引进来",为他们提供"一站式"服务和"交钥匙"绿色通道,提供与国际接轨的工作生活环境,如国际人才社区、国际学校、沙龙场所等;又要为在锡青年人才提供赴境内外发达"友城"交流的机会,让他们进一步接触国际通行的标准、知识产权、法律服务等,提升语言能力、文化、礼仪等全球化素养。

扩容"科创飞地"加速产才融合

在前沿城市创建"科创飞地",将招才引智"触角"延伸到人才、科教资源更具优势的全球知名科研工业区和国内大院大所，开展跨国跨区域合作，纵深布局高能级人才科技资源对接和孵化平台，推动形成"研发＋量产"产业协同效应。继续办好创业大赛，面向海内外精英创业团队，按照"赛＋产＋才"对接转化模式，推动人才链和产业链融合，并邀请知名管理咨询机构和投融资机构参与，为参赛企业、团队提供资本和智力支持，让赛事成为科创企业实现梦想的"梦工厂"和引领推进双创事业的"风向标"。

对此，不仅各类开发区大有可为，创二代的主力军作用也不容忽视，可鼓励他们结合自身专长和父辈积累的资本、管理经验，与高校或海外人才团队开展"企业家＋科学家"产学合作，落地发展科创项目，还可培育优质项目上市，积极拥抱资本市场，引领企业走高质量发展道路。

科学精准加强项目招引

结合各板块、各主题园区的产业集群发展现状，加强财税数据、监管数据研判分析和成果运用，围绕增强地标产业影响力、优势产业支撑力和未来产业爆发力，有目的性地开展项目招引活动，实现延链补链强链、培育涵养未来税源等目标。特别是针对我市制造业"两头在外"、整车整机等终端品牌厂家相对缺乏等特点，重点瞄准牵引性较强的终端产品和产业链的高端环节加强项目招引，集智聚力做好引资、引智、引援的各项工作，带动无锡上、中游端产业提升竞争力和定价权。

发挥政府主导与市场化中介招商引资、招才引智"双招双引"双轮齐驱的作用，以尊重市场规则和产业发展规律为前提，突出专业招商、基金招商、产业链招商、以商招商，并根据引进体量、税收贡献、上市等情况，对第三方专业招商运营平台无差别兑现资金奖补、用地指标分配等政策奖励。另外，可发挥外事、侨务部门的职能优势，遴选和物色匹配度较高的国际友城或华侨资源，通过共建人才科技资源对接和孵化综合体，促成目的国成果转移、项目合作，鼓励回流投资兴业、反哺家乡建设。

部门领办主题性"共富工坊"

发扬集中力量办大事的传统和优势，相关职能部门要规划推进特色化"共富工坊"的建设，为创业提供政策指引、为创新拆除藩篱路障、为创客做好专业服务。例如，农业农村、商务、供销社、工商联等部门和单位联合推进乡村振兴工作，推广惠山区阳山镇桃源村盘活闲置农房资源的做法，通过市场化机制、清单化对接、适配化合作等方式，鼓励资本、项目、人才下乡，激活"三农资产"和沉睡资源，做强民宿、乡村旅游等新兴"宅度假"业态，促进乡村六次产业化升级，拉动更多城乡居民创业致富。

可将国有闲置资产打造为"家政大楼"，接纳低成本、接地气、现金流良好的家政创业项目，企业进驻初期可享受免租或逐年梯度提租优惠，而产权方的近期收益则从资产盘活后产生的增量税收中获得财政奖补，代理技能培训获得服务收入，还可通过向家政服务企业提供餐饮、代理记账等有偿服务获得一定收入。

兴起"大众创业"热潮

在路边摆摊已成为继开网约车、送外卖后的又一灵活就业渠道，也是繁荣"夜经济"的重要业态和畅通微消费的"毛细血管"，可借鉴上海、苏州的做法适当放开路边摊经营。但是，适当解禁路边摊经营，并不意味着无序、扰民的经营乱象回潮，而是在基于提振消费、提升烟火气、支持草根创业的前提下，做好规划、疏导，合理划分路边摊引导区，配套提供车辆停靠区、垃圾分类收集措施等。鼓励知名餐饮、商超等企业因地制宜进行外摆经营，与网红经济相结合，策划、举办相关赛事，引爆消费热点，打造一批网红"打卡地"。还可开设创业课程，鼓励职业院校学生以创意市集、文化雅集等方式练摊，提升城市活力。

（来源：《无锡日报》）

❯ 自我评价

完成实训四后，自我对本次实训的完成情况进行评价。（分条对每次活动中自我表现进行评价，字数不少于 500 字）

_____

_____

_____

_____

_____

_____

_____

_____

_____

_____

_____

_____

_____

_____

考核评价

完成本次实训后，采用过程性评价和结果性评价相结合的方式，综合运用自我评价、小组评价和教师评价三种方式，由任课教师确定三种评价方式占总成绩的比例，加权计算出每个学生完成本实训活动的考核评价分数。

考核评价表

总评价分数		班级	
学号		姓名	
评价方式	评价内容	分值	分数
自我评价	活动参与情况	40	
	活动完成质量	30	
	能力掌握情况	30	
小组评价	活动参与程度	40	
	小组活动贡献度	30	
	小组沟通及合作情况	30	
教师评价	活动参与情况	40	
	活动完成情况	30	
	活动贡献程度	30	
总评价分数 = 自我评价分数 × （　　）%+ 小组评价分数 × （　　）%+ 教师评价分数 × （　　）%=			

实训五
创意产业与创业机会

实训目标

1. 能够理解创意产业。
2. 能够识别创业机会。
3. 能够挖掘创业点子。

提示

1. 开始任务前进行分组，宜 5～6 人为一组。
2. 结合课堂时间进行实训，若时间不足，活动可由授课教师择选。

任务一　认知创意产业

活动：理解创意产业

【片段一】

北京·金隅琉璃文化创意产业园

近日，在北京市门头沟区龙泉镇琉璃渠村的金隅琉璃文化创意产业园内，琉璃烧制技艺非遗传承人点燃窑火，传承近千年、一度熄灭 10 年的窑火重燃。今后，这座窑厂将依照"原汁原味"的传统工艺进行保护性生产，这不仅可为古建修缮提供原材料，更可聚集手工匠人传承发展传统技艺，推动非遗活化利用。

五彩斑斓的琉璃塑造了壮丽的建筑景观，是中华优秀传统文化的重要组成部分。堪称"琉璃之海"的紫禁城，显示了琉璃建材工艺在明清时期取得的卓越成就。位于琉璃渠村的琉璃制品厂是历史悠久的琉璃官窑，曾为故宫、天坛、颐和园等众多古建筑及当代建筑烧制琉璃制品，为守护北京老城的亮丽天际线添砖加瓦。2013年，随着市场需求下降及环保约束趋严，琉璃制品厂关停。

2017年，《北京城市总体规划（2016年—2035年）》出台，提出推进包括西山永定河文化带在内的三大文化带建设。作为西山永定河文化带上的一个重要节点，琉璃渠古窑承载的历史文化价值更加凸显。为此，北京决定恢复传统琉璃生产技艺，打造金隅琉璃文化创意产业园项目。老厂区蝶变为集非遗文化国际交流及展览、非遗研学、特色餐饮、民宿、文创办公等于一体的综合性文创园区。

在园区的开窑仪式上，故宫博物院、北京市文物局、北京市门头沟区政府与项目实施主体四方签订战略合作协议，故宫博物院古陶瓷、明清官式建筑保护研究工作站落户园区，四方共同开展传统琉璃烧制技艺的恢复性研究。

为了留住老手艺，园区对16个旧窑进行了保护修缮，运用古法烧制工艺，实现千年琉璃烧造技艺的复原、传承与研究。园区还建立了琉璃烧造技艺非遗传承基地，由琉璃烧制技艺非遗传承人开展教、帮、带、传活动。

如今，整个园区变身为一座博物馆，随处可以感受传统琉璃制作工艺。园区内保留了多个传统的拱券式倒焰窑，窑砖上已烙下厚厚的黑色痕迹和发亮的堆积釉，这是700余年烧制历史留下的印记。窑内一坯坯瓦件成排码放，还原了烧窑前古法装窑的流程。琉璃展厅内还展出了众多瓦件印章、历史图片，琉璃瓦摆出的故宫三大殿屋脊造型悬挂在半空。

除传统古窑外，园区还保留了一口釉烧隧道窑，地面铺设的轨道和运送窑车也一并保留，同时还增设了艺术展陈装饰。

让收藏在博物馆里的文物、陈列在广阔大地上的遗产、书写在古籍里的文字都活起来。京西千年窑火重燃，这就是让文物活起来的一个典范。

（来源：《人民日报》）

【片段二】

上海创意和设计产业总产出将超2万亿

2022年2月17日，上海召开建设世界一流"设计之都"推进大会。会上发布的《上海建设世界一流"设计之都"的若干意见》指出，到2025年，上海创意和设计产业总产出将超2万亿元，基本建成设计产业繁荣、品牌卓越、生态活跃、氛围浓郁的"设计之都"。

上海自2010年加入联合国"创意城市网络"以来，"设计之都"建设成效显著，创意和设计产业蓬勃发展；2021年总产出超过1.2万亿元，增速近20%；优秀设计企业、设计人才加速集聚，创新设计成果不断涌现，国际国内影响力日益增强。

根据《上海建设世界一流"设计之都"的若干意见》，到2030年，上海将进一步提升国际竞争力和美誉度，全面建成世界一流"设计之都"。

据悉，上海将实现创意和设计产业总产出保持年均两位数增长；举办"世界设计之都大会"，筹建"国际设计百人"组织，培育具有国际影响力的设计大奖、设计企业和设计驱动型品牌，提升"上海设计周"的影响力，持续推广"上海设计100+"优秀设计成果；建设国家级设计示范区，扶持国家级设计研究院，培育20家国家级工业设计中心，200家市级设计创新中心和设计引领示范企业，推进设计学等一流学科建设，构建"百千万"设计人才梯队。

（来源：《人民日报海外版》）

【片段三】

"一棵茶树"工作室

"一棵茶树"工作室（以下简称"一棵茶树"）由浙江树人学院的学生发起，是以"茶"为主题，将产业引领、导师引领、项目驱动、事件驱动和学生自主创新创业相结合的公益服务平台。

该项目从狭义上来讲是做茶及与茶相关的产品与服务；从广义上来讲，融合了学校文化，革新了茶叶产业的销售模式，在产品文化、产品设计等方面注重融合与创新。团队几位主创人员汇集多方资源，汲取浙江树人学院茶科技、茶教育、茶文化等诸多领域的历史积淀和创新成果，在正道茶文化"清、和、俭、怡、健"思想的指导下，从茶艺、茶礼、茶境、茶道几个维度出发，汇聚茶及相关产业的产品集、活动集、服务包，如茶艺培训、茶研学、茶艺表演、茶空间、策划设计、咨询顾问、融媒体、技术支持、公益事业等，形成工作室的基础业务。

未来"一棵茶树"将努力搭建政企商学平台，实现公益与商业的有机结合；做茶产品、茶项目、茶明星的孵化器、加速器；助力浙江树人学院茶专业的全面复兴，全面推广正道茶文化。

请学生思考以下问题。

1. 阅读并结合材料，谈谈材料中创意产业价值链运作支持条件有哪些，其运作模式又是什么？

_____

_____

_____

_____

_____

2.阅读并结合材料，谈谈创意产业的特征有哪些，可以通过收集网络素材或身边事例，对这些特征进行补充说明。（字数不少于300字）

_____

_____

_____

_____

_____

_____

_____

_____

3.收集网络素材或身边事例，谈谈你家乡是否有相关创意产业（与大学生创业相关），请举例说明。其对你的家乡发展起到什么作用？（字数不少于500字）

_____

_____

_____

_____

_____

_____

_____

_____

_____

_____

_____

_____

4.结合问题3，与组员进行探讨（限时10分钟），整理并归纳要点，由组员代表在课堂讲台进行演讲（限时5分钟）。台下学生对各个组员代表的演讲内容重点进行记录，教师随机抽查几名学生，要求学生分条复述各个组员代表演讲的重点内容。

演讲重点内容的记录区域：

_____

_____

_____

_____

_____

_____

_____

_____

_____

_____

_____

_____

_____

_____

_____

_____

_____

_____

_____

_____

_____

_____

任务二　寻觅创业机会

活动一：识别创业机会

1. 活动内容

豪威公司的创业机会识别。

2. 活动任务

从材料分析中让学生学会识别创业机会，从而有意识地寻找创业机会。

3. 活动材料

镇江市豪威文教橱柜设备有限公司（以下简称"豪威公司"）是一家专门从事高档橱柜、浴柜和文教设备的民营科技企业。豪威公司秉承"因专业而领先"的发展理念，致力于厨房生活的现代化、环保化和艺术化，把先进的厨房用具生产技术引进镇江，并与多家知名企业结成战略合作伙伴关系。其中，与上海雅洁公司的合作已使豪威整体厨房用具能够与上海、南京等先进大城市同步。豪威公司拥有近 5 000 平方米的现代化生产厂房，采用优质原材料和进口配件，这保证了豪威橱柜的工艺和质量能够向欧洲整体橱柜看齐。

豪威公司的创始人杨玲坤女士一直以"眼界开阔、思维敏锐、敢于尝试"的品质在业内享有良好的个人声誉。杨玲坤成功的最大原因就在于她凡事勤学好问的个性。她也是个很自信的人，做什么事情都力求做到最好。她坦言说，自己就是个做企业的人，能取得今天的成就是因为国家大环境的改变为她创造了一个良好的契机。

1996 年，杨玲坤决定创业时，正赶上国有大中型企业改革。在许多人看来，这种改制使他们丢掉了铁饭碗；但对她而言，这种改革则意味着商机，意味着创业机会。2003 年，杨玲坤和其他民营企业家等 33 人向丹阳市后巷镇捐资 40 万元，兴建了镇江市飞达光彩学校。

目前，她最关心的问题就是如何解决民营企业发展的瓶颈问题。豪威公司在发展过程中经历了两次飞跃：第一次飞跃是由做装潢材料供应变更为做橱柜；第二次飞跃是由单纯做橱柜发展为做宅配。这两次重大的飞跃都是由于杨玲坤在分析国家有关政策的基础上发现商机而促成的。

第一次飞跃

从年轻时代起，杨玲坤先后任职于工艺美术厂和装潢公司。多年任职于这两家公司的经验使杨玲坤意识到装潢行业是一个高利润的行业，要是能在这个行业做大、做好，其发展前景不可小觑。在经过慎重考虑后，1996 年杨玲坤毅然从令人羡慕的国有企业管理层请辞，下海创办了一家装潢材料店，从事装潢材料的批发和零售，从而掘到了第一桶金。但是初始的创业之路都是艰难的，尽管赚了 25 万元，但经过一年的经营使杨玲坤认识到只卖装潢材料没有什么前途。1997 年，在一次去南京的考察中，一个橱柜展览又使杨玲

坤陷入深思：经营橱柜的商机有多大呢？回到镇江之后，杨玲坤向很多人讲了自己的想法，但是包括自己的老领导在内的许多人都对她做橱柜生意的前景不看好。杨玲坤却看到了商机，在冷静地分析了周围环境和市场后，她有足够的信心相信自己会成功。在不到一个月的时间中，她招兵买马，开始了橱柜的经营之路，并创建了豪威公司。

第二次飞跃

豪威公司的第二大变革就是从只做橱柜到做宅配的飞跃。杨玲坤考虑到多元化：方太、帅康也是做橱柜，但他们还做电器，那我们如何赚电器的钱呢？如何利用橱柜拉动电器的消费？由于公司不具备电器生产的条件，杨玲坤就考虑到给品牌做代理，利用给客户做宅配的机会向他们销售电器、水槽等，也就是说，一套毛坯房，只需通过豪威一家公司，就可以将精装修一步到位，以满足顾客全方位的要求。豪威公司发展中的技术瓶颈问题，杨玲坤通过与高校合作来解决：主要是接收大学实习生，让他们在实际的工作氛围中将课本上的知识应用于实际；而且，还派遣工作人员到大学去进修，提高他们的文化素质，总而言之，缺什么补什么。

近年来，豪威公司致力于推进家装产业化建设进程，在镇江率先提出了"橱柜、卫浴、家具、装修一体化"口号，并引用了"豪威宅配"的新理念。豪威公司在镇江、扬州、丹阳都拥有连锁店，已经成为镇江装饰界的一大品牌。

请学生思考以下问题。

1.豪威公司创业机会的来源是怎样的？

_____

_____

_____

_____

2.豪威公司的创始人寻找创业机会的关键因素有哪些？

_____

_____

_____

_____

_____

3.豪威公司是采用什么方法来识别创业机会的？

_____

_____

_____

_____

_____

4.豪威公司创业机会的识别包括哪些过程？

_____

_____

_____

_____

_____

5.结合问题 1～问题 4，与组员进行探讨（限时 15 分钟），整理并归纳要点，由授课教师随机抽查 1～3 名学生在课堂讲台进行分析（限时 5 分钟），台下学生对各个学生的分析内容进行记录。最后，由授课教师综合分析评判。

演讲重点内容的记录区域：

_____

_____

_____

_____

_____

_____

_____

_____

_____

活动二：挖掘创业点子

一、内部挖掘创业点子

结合自身实际，"从我出发"挖掘创业点子，按以下思路，写出你想到的创业点子，不考虑可行性，可以"天马行空"，多多益善。

1.基于自己掌握的专业知识与技能想到的点子：

_____

_____

_____

_____

_____

2.基于自己参加的行业实习或专业实践想到的点子：

_____

_____

_____

_____

3.基于自己与专业相关的兴趣、优势或特长想到的点子：

_____

_____

_____

_____

4.在专业学习过程中，曾讨论或在脑海中一闪而过的点子：

_____

_____

_____

_____

_____

5. 在专业学习过程中，对接触到的事物进行联想，产生可以改进、创新的点子：

_____

_____

_____

_____

6. 观察在生活中与专业相关的产品或服务有启发的点子：

_____

_____

_____

_____

_____

7. 梳理自己的人脉网，可以拜托他们做的事情：

_____

_____

_____

_____

_____

_____

8. 在自己专业对应的行业中，是否拥有市场资源、销售资源、客户资源、渠道资源和技术资源等，由此想到的点子：

_____

_____

_____

_____

_____

9. 小组组内进行交流，将点子予以明确、梳理、归类：

_____

_____

_____

_____

_____

_____

10. 组间进行点子的比较、筛选，补充本组未想到的内容：

_____

_____

_____

_____

_____

_____

_____

二、外部挖掘创业点子

小组采用头脑风暴、网络搜索等方式，通过分工合作，按下面的问题有针对性地收集专业对应行业的相关信息，列出你想到的所有创业点子（不考虑市场、技术、资金等因素）。

1. 了解我国政府在行业发展与产业结构调整方面的相关政策，分析行业未来发展的方向与趋势，在哪些方面会有创业点子？

_____

_____

_____

_____

_____

_____

2. 在专业领域有哪些科学发现、技术升级与突破？查询本校专利成果，由此会带来哪些新的创业点子？

_____

_____

_____

_____

3. 行业有哪些新的方向变化和发展趋势？你能想到哪些创业点子？

_____

_____

_____

_____

4. 在行业的某些垂直领域，有没有市场空隙？是否可进一步进行市场细分？有哪些创业点子？

_____

_____

_____

_____

5. 在现有行业主流运营模式的基础上，通过"互联网＋"模式进行升级与创新，是否可产生新的技术解决方案和新的商业模式？

_____

_____

_____

_____

6. 结合互联网技术、大数据、物联网和人工智能等新技术，是否有新的模式？

_____

_____

_____

_____

7. 收集行业相关信息，分析行业与企业发展存在哪些困难和瓶颈，有哪些创业点子？

_____

_____

_____

_____

8. 新闻媒体是否存在负面新闻、不协调现象、意外事件等？从中想到的创业点子有哪些？

_____

_____

_____

_____

9. 行业企业服务面向的用户和客户对象有哪些问题和痛点亟待解决？由此可产生的创业点子有哪些？

_____

_____

_____

_____

10. 行业用户和客户有哪些新的需求未被满足？由此产生的创业机会有哪些？

_____

_____

_____

_____

11. 受到"互联网＋"大学生创新创业大赛项目库的启发（别人做了，未必我们就不能做），产生的创业点子有哪些？

_____

_____

_____

_____

12. 汇总以上产生的创业点子，进一步梳理、归类。

_____

_____

_____

_____

_____

13. 组间进行点子的比较、筛选，补充本组未想到的内容。

_____

_____

_____

_____

_____

三、汇集内部与外部的创业点子

1.将内部挖掘创业点子与外部挖掘创业点子通过集合法，找出交集部分。

_____

_____

_____

_____

2.将交集部分的创业点子，通过回答以下 6 个问题进行论证，若无价值予以弃用，剩下的创业点子记录在案。

（1）我的产品或服务能解决什么问题？

（2）谁会购买我的产品或服务？

（3）他们为什么会购买？

（4）购买途径有哪些，专卖店、百货商店、互联网、手机？

（5）我应该如何收费才能获得合理利润，使消费者认同这个价格，并真正购买？

（6）什么样的产品或服务会成为我的竞争对手？

有价值的创业点子记录区域：

_____

_____

_____

_____

_____

_____

_____

_____

_____

_____

_____

深耕文化土壤，助力文创升级

二十四节气主题徽章、古建筑榫卯积木、"遇见颐和园"沉浸式光影秀……不久前，在第五届进博会现场，富含中国元素的文创产品受到欢迎，成为扮靓"四叶草"展馆的一道独特风景，让人们感受到中华文化的独特影响力。

一段时间以来，从铜奔马造型玩偶等实物文创商品走红，到《千里江山图》数字展等数字文创作品火爆，文化创意产品开发呈现活跃景象。经过多年沉淀，我国文化创意产品开发经历了从外形模仿到元素提取、从实物用品到非实体形态内容创意、文化服务、数字作品的演化，正在从量的突破走向质的升级。党的二十大报告提出，"激发全民族文化创新创造活力，增强实现中华民族伟大复兴的精神力量。"开发出一大批彰显中华美学风格、适应现代生活需要、符合市场需求的文化创意产品，是文化创新创造活力的体现，也是不断提升国家文化软实力和中华文化影响力的要求。

高质量的文创产品，需要以恰当的创意形式，将历史内涵与时代审美相结合，达到文化价值与实用价值相统一。创意不是无源之水、无本之木。中华文明丰厚而独特的历史文化遗产，为现代文化创意实践提供了最丰厚的滋养、最充沛的源泉。只有怀着对中华文化的敬意，沉入古籍深处、洞悉文物细节、回到考古现场，才能创作出有助于人们感悟中华文化、增强文化自信的优秀产品。从敦煌研究院的"飞天""九色鹿"到恭王府博物馆的"天下第一福"，再到三星堆博物馆的"金面具"，各大博物馆围绕特色文物深耕文创品牌，做出了推动中华优秀传统文化创造性转化、创新性发展的有益尝试。

文化创意产品承载着人们对日常生活审美化的追求，是创造与欣赏、文化与生产、创意与生活的结合。文创产品取得成功的关键，在于以恰当的创意提供差异化的精神体验，满足人们高品质、个性化的消费需求，唤起人们对美的向往和追求。点亮夜灯认识一幅宋代观星图，玩局桌游了解江南四大才子生平轶事，印在布包上的文物表情越来越"萌"，沉浸式演出里的人物造型越来越"真"……从近年来受到欢迎的"爆款"产品看，文创从实物外形模仿向内容创意、互动型产品演化，正是基于对人们知识探索需求、情感表达需求、文化认同需求的深入挖掘。

文创产品的持续创新，离不开数字技术赋能。党的二十大报告提出，"实施国家文化数字化战略"。文化数字化为当代文化业态发展描绘了极具想象力的图景。例如，深圳一位动画师团队运用京剧、水等元素创作了一则动画视频，网友直呼隔着屏幕感受到"中国之美"；有媒体运用智能影像修复技术让李苦禅所绘《盛夏图》"动"了起来，水波浮动，荷花绽放，尽显水墨之美。从实践来看，利用虚拟现实、增强现实、全息成像、互动影视等技术，可以增强文化创意产品的文化承载力、展现力和传播力。作为一种呈现手段，数字化丰富了文创产品的载体；作为一种新型基础设施，数字化

拓宽着文创产品的消费场景。

当下，文化创意日益成为文化软实力的重要体现和经济的新增长点。陈列在博物馆的先秦编钟、汉代宫灯、唐代乐器、宋代书画，或化身日常用品，或融入漫画、综艺、数字展览等内容创作，吸引着更多饶有兴致的寻访者深入了解厚重的中华文明史。期待文化创意产品持续提质升级，进一步激发文化创新创造活力，让更多人从中华文化中获得精神力量。

❯❯ 自我评价

完成实训五后，自我对本次实训的完成情况进行评价。（分条对每次活动中自我表现进行评价，字数不少于 500 字）

_____

_____

_____

_____

_____

_____

_____

_____

_____

_____

_____

_____

_____

_____

❖ 考核评价

完成本次实训后，采用过程性评价和结果性评价相结合的方式，综合运用自我评价、小组评价和教师评价三种方式，由任课教师确定三种评价方式占总成绩的比例，加权计算出每个学生完成本实训活动的考核评价分数。

考核评价表

总评价分数		班级	
学号		姓名	
评价方式	评价内容	分值	分数
自我评价	活动参与情况	40	
	活动完成质量	30	
	能力掌握情况	30	
小组评价	活动参与程度	40	
	小组活动贡献度	30	
	小组沟通及合作情况	30	
教师评价	活动参与情况	40	
	活动完成情况	30	
	活动贡献程度	30	
总评价分数 = 自我评价分数 ×（　　）%＋ 小组评价分数 ×（　　）%＋ 教师评价分数 ×（　　）%＝			

实训六
创业项目与风险管理

📝 **实训目标**

1. 能够充分认知创业项目及风险管理。
2. 能够选择创业项目。
3. 能够管理创业风险。

💡 **提示**

1. 开始任务前进行分组，宜 5 ～ 6 人为一组。
2. 结合课堂时间进行实训，若时间不足，活动可由授课教师选择。

任务一　认知与选择创业项目

活动一：认知创业项目

【片段一】

蚂蚁商人

在浙江义乌的小商品市场中，上海七铺路 10 元买 3 双的白色棉运动袜，那里卖 7 角，100 支装的双头棉签在上海家乐福大卖场卖 1.2 元，那里卖 0.19 元……义乌的小商品市场很大，你开着汽车转，常常会迷路。义乌的小商品市场还在拓展，一期、二期、三期，一期比一期规模大，商铺还是不够，商户每次都是抽签入驻。

卖 100 根牙签只赚 1 分钱，一个姓王的商贩，每天批发牙签 10 吨，按 100 根赚 1 分钱计算，他每天销售约 1 亿根牙签，稳稳当当进账 1 万元。有个摊位卖的是缝衣针，粗的、细的、长的、短的，一应俱全，平均1分钱两枚，这个小商贩一年卖针也能挣到80万元。

在义乌，靠做这样只赚1分钱生意起家的老板不计其数，人称"蚂蚁商人"。"蚂蚁商人"赚钱的秘诀是：家家自己开工厂，把成本压到最低，每件商品只赚1分钱就卖！然而，就是这毫不起眼的1分钱利润，培育出了数不清的百万富翁、千万富翁。

义乌一位文化程度较低的妇女，起初给人家当保姆，后来在拥挤的街头摆小摊卖胶卷。她认死理，一个胶卷永远只赚一毛钱。市场上的柯达胶卷卖22元时，她只卖14.10元，谁也不曾料到，后来她的批发量大得惊人，生意越做越大。现如今，在义乌，她的摄影器材店业内人士无人不晓。一位农村妇女用她简单的"只赚一毛钱"的真诚打败了复杂的营销手段。

按照习惯思维，每件商品起码要赚几毛钱，这生意才能做，上述这些则打破了习惯思维，说明薄利是没有底线的。如果销量大，每件商品赚1厘钱也应竭尽全力去做；反之，销量小，每件商品赚几块钱也做不得。一个打火机的利润只有5厘、1分钱，真的能带来"暴利"吗？当然能！2004年，一家叫茂盛的小工厂的出口量达9 000万个，利润为90万元。5厘、1分钱打天下的首要原则就是抠成本，根据自身的实际运作成本来抠，而不是盲目地缩减工人、工序。茂盛是如何计算"微利创暴利"这笔账的呢？主要一点就是厂子所在的农村有得天独厚的生产条件——地租便宜、劳动力集中。这种自然环境无疑形成了"一分钱优势"。

【片段二】
广西幼儿师范高等专科学校："就在楼下"创新创业项目赋能幼儿健康成长

每到幼儿园放学时间，广西幼儿师范高等专科学校的运动场上就会出现一道特殊的风景：一群可爱的学龄前幼儿在教师的带领下参与各种运动，有体能训练、篮球、跳绳、跆拳道等，幼儿们认真参与，俨然一个个小运动员。

带领这些幼儿参与运动训练的教师充满青春活力，他们是广西幼儿师范高等专科学校运动与健康学院的学生。他们在学校的支持下，依照"产、学、研"相结合的理念，成功孕育了一小时幼儿体质健康优质项目——"就在楼下"幼儿体智健康运动中心，为周边社区的幼儿提供运动健康服务，助力学龄前幼儿体能强健、培养运动兴趣、健康快乐成长。

"我们结合本学院的'运动与健康'人才培养理念，指导学生依托学校资源，积极参与创新创业项目，并在师资、场地等方面为项目给予支持。"广西幼儿师范高等专科学校运动与健康学院负责人告诉记者。该项目一方面以学科专业优势服务社会；另一方面为学生提供社会实践及就业渠道，助力广西幼儿健康管理产业发展及科研成果转化，精准对接区域人才需求，拓展毕业生就业渠道，实现校企合作双赢。

目前，该校一小时幼儿体质健康优质项目——"就在楼下"幼儿体智健康运动中心已成功打造集社区幼儿体质健康检测、社区幼儿科学健身训练、社区幼儿运动行为干预、幼儿体质健康在线服务为一体，线上线下相结合的综合型幼儿体质健康服务平台。项目自主

研发了 4 个课程资源库，包括幼儿基础体能训练资源库、幼儿功能性训练资源库、幼儿亲子运动资源库、幼儿项目体能资源库，其中部分课程被用于 2020 年由广西体育局、教育厅举办的全区首届线上亲子运动会，参与人数达 795 711 次。项目中心为 3 个社区进行健康指导服务，与 7 家幼儿园、8 个儿童运动中心进行合作服务，服务时间达 3 年，累计服务幼儿 2 万人次，开发出两项专利成果，并在自治区、全国大学生创新创业比赛中获得多项荣誉。

"我们将继续依托周边社区，立足本校对口专业发展，以专业学生为主体，进一步提高该项目的专业指导和管理水平。"上述有关负责人表示，该学院将继续加强指导管理，促进该项目实现"家—校—社"互联互通，持续提高项目知名度，形成社区幼儿健康服务产业链，进一步提高本学院学生创新创业工作品质。

（来源：中国教育新闻网）

【片段三】

不做中国版 Peloton，Keep 出圈的野心

Keep 的"创新变革"有着更切实的用户洞察和实现路径，那就是让运动变得更简单、更快乐。

日前，运动科技公司 Keep 向香港联交所公开递交招股书，拟冲刺"运动科技第一股"。

Keep 成立于 2014 年，初期定位"线上健身 App"，以"移动健身教练"角色成功吸引了健身垂直领域的核心用户，并在互联网蓬勃发展的阶段抓住了在线健身市场机遇，成立七年融资九轮，高举高打抢占市场份额，最终成为用户超 3 亿的超级在线健身平台。

作为垂直领域的头部平台，Keep 此次冲击运动科技第一股吸引了大量外部关注和讨论。作为"第一股"，国内并无明确可对标企业，其商业模式和未来增长空间，就成为外部最为关心的问题。

不断地进化与迭代，Keep 出圈的野心

上线之初，Keep 对用户来说是一个"好用的运动工具"。彼时，年轻人有大量的健身需求，市面上却缺乏系统化、专业化的知识供给，Keep 瞄准市场空白，通过 App 提供免费训练课程的方式，圈定了第一批种子用户，积攒起流量，并在短短一年内获取了 3 000 万用户。

通过好的线上内容获得肯定后，Keep 看到用户对于运动的多元需求。为此，Keep 对线上课程内容进行升级，拓宽品类，推出定制化智能训练计划"会员服务"，同时将内容优势延伸至线下，开设 Keepland，并围绕用户"吃穿用练"生活消费场景推出智能硬件等运动消费品，以内容为核心，产品为载体，提供给用户更多元的运动体验。

在用户规模和业务服务规模的基础上，Keep 希望提供给用户更好的运动服务，创造更高价值。Keep 看到自身最核心的用户是在家运动的人群，所以，其于 2020 年全面聚焦家庭运动场景，通过提供一站式运动解决方案，满足用户从运动意识、提供装备、内容和

社交等运动链条上的全部需求，形成服务闭环。

在最近一次公开对外的战略发布会上，Keep 宣布要进入发展的第三个阶段：通过不断升级内容和产品，引入直播形式等，提升用户的运动体验，降低运动门槛，增加用户黏度，以好的体验提升付费意愿，突破商业天花板。

同年 8 月，Keep 官宣易烊千玺为品牌代言人并对"自律给我自由"的品牌精神进行了全新解读：要运动，也要快乐。而"快乐运动"背后的深层次含义，必然是运动健身这件事的"泛化与出圈"——要实现"全民运动"，那么健身的"精英主义"倾向，就必然要祛魅。

梳理 Keep 发展的路径，并不难理解这一脉络的探索初衷：

产品服务的纵深上，通过提供直播课、定制训练计划等高附加值的运动内容，来服务好核心圈层用户，通过提供更多增值服务，来增加用户黏度，提升付费意愿，同时提高客单价、提升 ARPU 值——招股书显示，会员与线上付费内容，是 Keep 各业务线中利润率最高的部分。

而在服务的横向拓展上，Keep 通过拓展消费品业务，开设线下健身房，一方面，不断覆盖健身用户在核心健身需求（运动内容）之外的"泛需求"——健身期间的饮食、穿衣及运动过程中能用到的小器械；另一方面，在维护好家庭健身场景之余，将触手扩展到城市场景乃至更泛的户外场景：日前与线下健身房合作推出 49 元团操课，以及在冬奥期间"试探性"地推出一系列冬季运动、冰雪运动相关课程。

显然，Keep 并不想局限在家庭场景，想要"出圈"实现更大规模化的野心，十分昭然。

中国版的 Peloton? Keep 不限于此

通过梳理 Keep 自上线以来的迭代过程，不难发现，目前 Keep 业务覆盖的面向之广：提供线上运动内容的内容业务，提供运动相关产品的消费品业务（包含智能硬件、健康食品与其他健身装备等），以及提供团操课程的线下健身房。

这样的业务布局，对 Keep 来说，可以覆盖运动健身人群基于"健身"需求产生的所有直接与间接服务。然而，这也造成了一个直接的难题：在内容领域，B 站、小红书等内容平台纷纷发力健身内容；在智能硬件领域，其竞争者不仅有苹果手环这样的精英玩家，也有小米、华为这样在硬件领域已经充分占领市场份额的强劲对手；在运动服饰领域，耐克、阿迪、安踏、李宁乃至近年来逐渐流行的 Lululemon，都是难以撼动的玩家；在更加细分的健身食品领域，也有王饱饱等细分竞争者⋯⋯

这成为外部表示"看不懂"Keep 的一个重要原因：没有任何一家可以完全对标的企业，但 Keep 又确实存在一众竞争对手。

一度 Keep 被标签为"中国版的 Peloton"，理由是均为"内容＋硬件"的商业模式：通过单车等硬件终端与用户产生触达与交互，而通过付费内容与用户产生长久的链接。也是因为这一点，Peloton 的股价涨跌，也对外部对 Keep 的判断产生了直接影响。

事实上，Keep 与 Peloton 存在相当大的模式差异。

首先，从宏观环境来看，Peloton 所处的北美市场，人群健身意识高，市场成熟，Peloton 无需在市场教育上做出过多投入——同时，这也意味着，相对饱和的市场如何实现规模的增长，亦需探寻。这也是近期 Peloton 股价下跌的一个客观原因。而 Keep 面对的则是一个刚刚萌芽的市场，年轻、向上、可消费型人群的崛起，为 Keep 提供了更多想象力。无论是从当前的产品与服务密度，还是正在喷涌而出的需求来看，Keep 的市场前景都是 Peloton 不可同日而语的。

其次，在服务模式上，Peloton 是自下而上，即从硬件往用户发展，以单车硬件起家，在此基础上以终端为触手进行内容的开发与覆盖。而 Keep 则是自上而下，先通过内容抓住用户，再拓展硬件等其他服务。显然，目前市场上很多玩家采取的都是前一路径，这一方式无疑更省力、更迅捷，但 Keep 选择的这条先内容、再硬件的更加困难的路，是一条深耕耘、慢回报的路。正如一位行业专家所说，"如果从产品能触及用户，从下往上打能赢，那耐克、阿迪达斯早赢了。"

再次，除深挖健身内容和覆盖运动需求的全周期外，Keep 还有更长远的计划：打造轻社交感。平台积极鼓励用户打卡健身成果，利用年轻群体的分享欲，建立用户成长体系——这样的做法，并非为了真正让用户直接产生社交行为，而是为了让他们形成陪伴感与 PK 感。众所周知，运动这一行为天生具有竞技因素，这种"健身 +PK"的模式提高了用户的运动积极性，间接提升了运动时长与用户黏度，为日后的会员转化和智能健身设备销售打下了基础。

中国互联网发展至今，无论是大厂还是在垂直领域探索耕耘的小玩家，服务模式即便源于欧美，最终也会有走上自己的路。腾讯之于 ICQ，阿里巴巴之于 eBay，微博之于 Twitter，莫不如此。Keep 也是如此，其与 Peloton 服务领域与人群需求的类似，并不能简单粗暴等同于"×× 版的 ××"。

Peloton 行情好的时候，媒体称 Keep 是中国的 Peloton；Peloton 行情不好的时候，媒体又称 Peloton 是中国的 Keep，Keep 和 Peloton 可能殊途同归，但内核终究不同。

当然，从服务思路上来看，Keep 与 Peloton 在各自市场内的"行业变革"与社会意义是有极大相似性的。虽然两方切入市场的方式不同，但他们最终指向的都是同一个方向：触达一个庞大的有增长潜力的健身群体，为他们输出更全链路的运动解决方案，并在这个过程中让他们得到更好的体验，收获运动带来的正反馈。

说得更具体一些，从对整个家庭运动市场来看，Peloton 在短短几年间，改变了北美运动人群的认知和习惯，也完成了对美国健身市场格局的重塑。同样的，在中国市场，相信已经拥有数亿用户、更专注服务质量的 Keep，未来也必然会给这片正在发展的市场带来真正的创新变革。

另外，更重要的一点是，Keep 的"创新变革"，有着更切实的用户洞察和实现路径，那就是，让运动变得更简单、更快乐。

（来源：中国青年网）

【片段四】

可口可乐的"新口味"

20 世纪 80 年代初，可口可乐在美国软饮料市场上仍处于领先地位，但百事可乐公司以口味试饮来表明消费者更喜欢较甜口味的百事可乐饮料，通过多年的促销攻势，不断侵吞可口可乐的市场。为此，可口可乐公司以改变可口可乐的口味来应对百事可乐对其市场的侵吞。

对新口味可口可乐饮料的研究开发，可口可乐公司花费了两年多的时间，投入了 400 多万美元的资金，最终开发出了新口味可口可乐的配方。在新配方的研制过程中，可口可乐公司进行了近 20 万人的口味试验，仅最终配方就进行了 3 万人的试验。在试验中，研究人员在不加任何标识的情况下，对新老口味可口可乐、新口味可口可乐和百事可乐进行了比较试验，试验结果是：在新老口味可口可乐之间，60% 的人选择新口味可口可乐；在新口味可口可乐与百事可乐之间，52% 的人选择新口味可口可乐。从这个试验研究结果看，新口味可口可乐应是一个成功的产品。

1985 年 5 月，可口可乐公司将口味较甜的新口味可口可乐投放市场，同时放弃了原配方的可乐。在新口味可口可乐上市初期，市场销售不错，但不久就销售平平，并且公司每天都会接到上千个愤怒的消费者的电话和无数的信件，一个自称原口味可口可乐饮用者组织举行了抗议活动，并威胁除非恢复原口味可口可乐或将配方公之于众，否则将提出集体诉讼。

迫于原口味可口可乐消费者的压力，在 1985 年 7 月中旬，即在新口味可口可乐推出后的两个月后，可口可乐公司恢复了原口味的可口可乐，从而在市场上新口味可口可乐与原口味可口可乐共存，但原口味可口可乐的销售量远大于新口味可口可乐的销售量。

请学生思考以下问题。

1. 阅读并结合材料，从获取收益、市场投入、管理方式、技术要求及最终目标上对材料中的创业项目特点进行探讨，先自行思考，再组内讨论（限时 5 分钟），并将讨论后的一致结论记录下来。

_____

_____

_____

_____

_____

_____

2.材料中的创业项目属于哪些类型？除这些类型外，还有哪些创业项目类型？请列举出具有代表性的创业项目（可利用网络搜索素材），先自行思考，再小组讨论（限时 5 分钟），并将讨论后的一致结论记录下来。

_____

_____

_____

_____

_____

_____

_____

_____

3.小组对大学生创业模式进行讨论，对不同类型创业模式的难易程度进行排序，并阐述理由（限时 10 分钟），最后推举出一名组员代表在课堂讲台进行演讲（限时 10 分钟）。台下学生对各个组员代表的演讲内容重点进行记录，教师随机抽查几名学生，要求被抽查的学生分条复述各个组员代表演讲的重点内容。

演讲重点内容的记录区域：

_____

_____

_____

_____

_____

_____

_____

_____

活动二：选择创业项目

1. 活动要求

以小组为单位，对拟定的创业项目进行 SWOT 分析，至少分析出 4 条优势、劣势、面临的机会及威胁，然后针对分析的现状制定至少 4 条应对策略。

2. 活动内容

给自己的创业项目做 SWOT 分析并制定策略，限时 15 分钟。

3. 活动应用表格（表 6-1）

表 6-1　SWOT 分析表

优势： 1. 擅长做什么？ 2. 企业有什么新技术？ 3. 能做什么别人做不到的？ 4. 和别人有什么不同？	劣势： 1. 缺乏什么技术？ 2. 别人的优势是什么？ 3. 不能满足哪种顾客的需求？
机会： 1. 市场中有什么适合创业的机会？ 2. 可以提供什么新的技术 / 服务？ 3. 可以吸引什么样的新顾客？ 4. 怎样可以与众不同？ 5. 企业在未来 5 ~ 10 年的发展如何？	威胁： 1. 市场最近有什么改变？ 2. 竞争者最近在做什么？ 3. 是否赶不上顾客需求的改变？ 4. 政治环境的改变是否伤害到企业？ 5. 是否有什么事可能威胁到企业的生存？

4. 活动示例

创业项目：机甲大师（手机配件店）。

（1）S（Strengths）优势：较小店面即可运营；受众广泛；一个人就可以经营一个店面；可做到产品样式丰富多样；可在产品上叠加多种元素；可做到私人定制，使产品更有个性。

（2）W（Weaknesses）劣势：产品容易滞销；销量难以保证稳定；难以满足所有客户的需求；店铺分布容易扎堆，造成较为激烈的竞争环境。

（3）O（Opportunities）机会：自媒体火爆网络，认真做内容就会有市场；个性化需求日益增长；互联网环境下，较为容易寻求到有个性的供货商；电子商务兴起。

（4）T（Threats）威胁：造假问题困扰整个市场；供货商提供的产品难免存在质量问题；同类型产品竞争激烈；一些不可抗力导致线下销售遇到阻碍。

应对策略：

（1）利用互联网、自媒体等方式推销自己的产品，线上和线下同步销售。

（2）设计 DIY 手机壳等配件的产品，使每位顾客都可以定制与众不同的个性化产品。

（3）与部分优质供货厂商建立长期合作关系，反馈并改进产品的质量问题。

（4）努力做好自身产品内容设计，制订长远的更完善的产业链计划。

5. 活动问题

（1）你的小组选择该创业项目的原则是什么？

_____

_____

_____

_____

_____

_____

_____

_____

（2）选择该创业项目的影响因素都有哪些？需要注意些什么？

_____

_____

_____

_____

_____

_____

_____

_____

（3）小组确定并完善本组的创业项目，最后推举出一名组员代表在课堂讲台进行演讲（限时 10 分钟）。台下学生对各个组员代表的演讲内容重点进行记录，教师随机抽查几名学生，要求被抽查的学生分条复述各个组员代表演讲的重点内容。

演讲重点内容的记录区域：

任务二　认知与管理创业风险

活动一：认知创业风险

【片段一】

2007 年对于年仅 26 岁的赵亮来说是个苦涩的结局，由于大学时缺乏法律意识，导致创业失误，惹上了官司，并背上了 100 万元的法律债务。为什么会出现这样的结局呢？事情还得从头说起。

2005 年在复旦大学读大四时，赵亮通过熟人与中国联通上海分公司一级代理商上海美天通信工程设备有限公司（以下简称美天公司）取得联系，并得知美天公司正准备推广 CDMA 校园卡业务。于是，赵亮就和几个同学注册了上海天上云科技咨询有限公司（以下简称天上云公司），并与上海美天签署了《CDMA 校园卡集团用户销售协议书》，约定天上云公司在上海大学发展 CDMA 手机及 UIM 卡进行捆绑销售，并约定天上云公司对校园卡用户资料真实性及履行协议承担保证责任，用户必须凭学生证和教师证购买，一人一台等。如天上云公司发展用户不真实，美天公司有权停机，由天上云公司承担不合格用户的全部欠费。

在同学与教师的帮助下，赵亮的"生意"一下子很红火。赵亮一共发展了 4 196 户，按照与美天公司的协议，赵亮的天上云公司可拿到 10 余万元的回报。但是美天公司刚支付给赵亮 2 万元钱后，2005 年 12 月联通公司发现天上云公司递交的几百名客户资料虚假，有一部分根本不是校园用户，还有身份证冒用别人的，最终形成了大量欠费。

美天公司为此赔偿联通 442 户不良用户的欠费 52 万余元，联通还扣减美天公司 406 部虚假用户和不良用户的手机补贴款 36 万余元。美天公司将天上云公司及赵亮起诉到法院，要求承担上述赔偿款项，另赔偿美天公司 406 部虚假、不良用户手机的补贴差价 6 万余元及未归还的手机价款 15 万余元和卡款 5 100 元，总计 100 万元左右。

通过一审和二审，法院认定赵亮以天上云公司名义与美天公司签订销售协议，并发动几十名学生、教师发展介绍用户，并无天上云公司人员参与，故赵亮与天上云公司共同承担 100 万元的赔偿责任。

【片段二】

史玉柱与巨人集团

史玉柱，安徽人。1989 年，史玉柱研究生毕业后"下海"，在深圳研究开发 M6401 桌面中文计算机软件，获得成功。1992 年，史玉柱率 100 多名员工，落户珠海。珠海给了史玉柱的巨人集团很多照顾：高科技企业税收全免；破例审批出国；户口一时转不过来，给新办了一个珠海户口。

巨人集团一下子发展了起来，资产规模很快接近 2 ~ 3 亿。史玉柱开始不满于只做巨人汉卡，他开始做巨人计算机。巨人计算机虽挣钱，但管理不行，坏账一两千万。巨人计算机还没做扎实，史玉柱又看上了财务软件、酒店管理系统。他去美国考察时，问投资银行未来哪些行业发展速度最快，投资银行说是 IT 和生物工程。于是，史玉柱回国后立即上马了生物工程项目，其他涉足的行业还有服装和化妆品，摊子一下铺到了六七个事业部。

1993 年，巨人集团中仅中文手写计算机和软件的当年销售额即达到 3.6 亿元，位居四通之后，成为中国第二大民营高科技企业。史玉柱成为珠海第二批重奖的知识分子。

当时中国人才外流现象比较严重，为了吸引外流人才回国效力，时任珠海市委书记、市长的梁广大选中了史玉柱作为"中国大学生留在本土创业"的典型。作为支持，珠海市政府曾经批给巨人集团一块地，巨人集团准备盖 18 层的办公楼。大厦图纸设计好之后，梁广大找史玉柱谈了谈，希望史玉柱为珠海争光，将巨人大厦建为中国第一高楼。巨人集团只有建成了中国第一高楼，史玉柱才配做全国典型。为了支持巨人集团建中国第一高楼，市政府批给了巨人集团 3 万多平方米土地，125 元 / 平方米的价格等于白送。

1993 年，中国房地产市场火爆，只要有房子就能卖掉，甚至连"楼花"都能卖掉。盖 72 层的巨人大厦需要 12 亿元，此时，史玉柱手中的只有 1 亿元现金。他将赌注压在了卖楼花上。1993 年，珠海西区别墅在香港卖出十多亿元"楼花"。可等到 1994 年史玉柱卖楼花的时候，中国宏观调控已经开始，对卖"楼花"开始限制，必须投资到一个数额才能拿到预售许可证，后来越来越规范，限制越来越多。史玉柱使出浑身的宣传本事，也只卖掉了 1 亿多元"楼花"。

盖高楼，地下部分最花钱。地下 20 米之后都是岩层。巨人大厦一共打了 68 根桩，最短的桩打了 68 米，最长的桩打了 82 米，仅打桩就花了史玉柱一亿多元。

1996 年，巨人大厦资金告急，史玉柱贷不到款，决定将保健品方面的全部资金调往巨人大厦。此时，脑黄金每年已经能为巨人贡献 1 个多亿利润。"我可以用脑黄金的利润先将巨人大厦盖到 20 层，先装修 20 层，卖掉这 20 层，再盖上面的。"不料，保健品业务因资金"抽血"过量，再加上管理不善，迅速盛极而衰，脑黄金卖不动了。

1997 年年初，巨人大厦未按期完工，国内购"楼花"者天天上门要求退款。媒体"地毯式"地报道巨人集团的财务危机。得知巨人集团现金流断了之后，"巨人 3 个多亿的应收款收不回，全部烂在了外面。"不久，只建至地面 3 层的巨人大厦停工，巨人集团名存实亡，史玉柱成为"全国最穷的人"。

【片段三】

盲目合作导致创业失败

小王和小张同在一家公司上班。一天，小王在网上看到一家店铺的衣服很有特色，且价格不贵。正好小张经过，两人一交流，认为这是个不错的商机，便准备合伙开一家店铺当小老板。

很快两人各投入 20 000 元，选好了店铺，第一批货也到了。开业第一天，店里的人很多，但是没有一个人购买。第二天遇大雨，逛街的人很少，自然也没有生意。第三天人又多起来，但只有小张一人看守店铺，忙乱中收了一张 100 元假币，同时两件衣服丢失，忙了一天没赚反亏。连续过了一段时间，店里生意起起伏伏，小王仍在公司上班，很少来店里帮忙。小张则独自留在店里工作，当店里生意不好时，小张内心充满了对小王的抱怨。

不到半年，在小王和小张大吵一架后，店铺正式关门。

请学生思考以下问题。

1. 阅读并结合材料，创业风险的特点与来源分别是什么？除此之外，创业风险的特点与来源还有哪些？

_____

_____

_____

_____

_____

_____

_____

2. 阅读并结合材料，按内容分类，材料中的创业风险分别属于什么类型？除此之外，创业风险还有哪些分类？根据这些分类，材料中的创业风险又应如何分类？

_____

_____

_____

_____

_____

_____

_____

3.通过网络或身边实例，谈谈大学生创业过程中遇到的创业风险有哪些。

_____

_____

_____

_____

_____

_____

_____

活动二：管理创业风险

1. 活动要求

撰写一份创业风险分析及管理报告。

2. 活动内容

以个人为单位，结合学过的创业知识，分析活动案例（案例二选一）中存在的创业风险，并谈谈如何进行创业风险管理，字数不少于 500 字。

3. 活动应用表格

（1）风险分析与对策表（表 6-2）。

表 6-2 风险分析与对策表

风险类别	分析	对策
创业心态		
项目风险		
市场风险		
融资风险		
技术风险		
法律风险		
团队风险		

（2）工作手册（表6-3）。

表 6-3　工作手册

团队名称		
任务实施关键点		
序号	实施步骤	实施策略
1	风险识别	
2	风险评估	
3	风险评价	
4	风险应对	
5	风险反馈与控制	

工作小结：

（3）会议纪要（表6-4）。

表 6-4　会 议 纪 要

会议主题		会议时间	
参会人		主持人	
会议内容			
会议结论			

4.活动案例

【案例一】

三位硕士的乡村创业梦：天下谁人不识"菌"

天下谁人不识"菌"——这是山东章丘文祖街道王黑村三生万物科技有限公司的宣传标语。"三生万物"是90后聂阳、张金、刘书程3位硕士的创业项目。接受记者采访时，"乐天派"的聂阳始终在笑，笑称自己是"蘑菇匠"，笑着说"要用工匠精神种最好的蘑菇，带领乡亲们致富"，笑着介绍他们当"新农人"的过程：2016年，毕业于山东农业大学；2018年，来到农村创办"三生万物"。

从小在农村长大，毕业于山东农业大学，读的是食用菌专业……"对乡村有情怀，有农业技术，有创业热情，我们感觉一切都是水到渠成。"聂阳说，当初他们三人一拍即合，决定"将专业变产业"，在农村创下一片"青春田"。

乡村振兴关键在于产业振兴。食用菌作为"短、平、快"的农产品，是全国各地产业发展的首选。读研时，聂阳与导师一起培育了优质高产的新菌种，又成功培育出羊肚菌、赤松茸等珍稀食用菌的新品种，掌握着几十种珍稀食用菌栽培技术。这些所学所研所得，成了他们创业的原动力。2021年，章丘文祖街道加大农业招商力度，将"三生万物"项目引进王黑村。

对王黑村的村民来说，这3位年轻硕士为乡村增添了活力，带来了希望与兴旺。聂阳团队研发的赤松茸，从头一年9月份播种、11月份开始出菇，到第二年5月份，可采收三茬。传统的蘑菇种植，要么资金门槛高，要么耗时耗力，而聂阳团队将农村随处可见的秸秆利用起来，变废为宝，在秸秆上育出了大蘑菇。"我们采用颠覆性的开放式种植，在树林里面利用秸秆，3斤秸秆就变成1斤蘑菇，整个种植过程也非常简单，村民一看就懂、一学就会、一做就成，种下去两个月就能见到蘑菇，就能见到回头钱。"聂阳说，整个采摘期，一亩地能够采收4 000斤到6 000斤的赤松茸，一亩地的产值达到2万到3万元。

把所学变成事业，聂阳说自己"非常幸运"。而"幸运"两字背后，是团队几年如一日的坚持。聂阳和小伙伴还有一个身份：科技特派员。每年初秋既是赤松茸种植季，也是羊肚菌种植前的土壤改良关键时刻，更是他们忙到脚不沾地的日子。他们要到全国各地指导农户种植，从育种到栽培，从技术推广到产品销售。

"让食用菌种植技术造福更多群众，是我们另一个目标。"刘书程说。这些年他们到过新疆、云南等地区做科技指导，通过"线下＋线上"模式，推动当地产业发展。"我们要做好技术服务，发挥线上培训的优势，让更多的老百姓真正接触到技术。"目前，他们已将技术推广到全国26个省份，培训600多名技术人员，推广种植8 000多亩，总产值达2亿元，累计带动3 000余户实现了脱贫致富。中国工程院院士李玉称赞他们的举动："林下赤茸，增收富农。"

2022年，聂阳和其伙伴获得了"农民高级农艺师"称号。他们正在用自己的匠心和专业，赋能充满希望的乡村。"我们所选择的品种，我们的经营模式等，都充分发挥了人才在产业振兴中应有的作用。"聂阳说。

创业之初，聂阳给公司取名为"三生万物"。"'三生'有两层意思，一是代表我们创业的三兄弟；二是一生二、二生三、三生万物，代表着一种生生不息，无限繁衍，无限发展。"聂阳说，希望优质的食用菌每一根菌丝都可以无限繁殖下去，做成产业，推广到全国。

（来源：《乡村干部报》）

【案例二】

山东菏泽：纯手工仿真裘皮熊猫玩偶走红

提起最近的超级"网红"，我们的"国宝"大熊猫可谓当之无愧，很多人都成了它们的粉丝。在山东省菏泽市牡丹区都司镇有一家熊猫工厂，其生产的仿真裘皮熊猫玩偶在外观、毛发质感、重量感等方面，几乎完美复刻了真熊猫，在玩偶市场备受追捧、供不应求，不仅全国热销，还接到了很多海外订单。

返乡创业，菏泽小伙与熊猫结缘

在仿真玩偶界，有一个"熊猫厂长"，他和团队制作的裘皮仿真熊猫几乎完美复制了1.5月龄、3月龄、5月龄的真熊猫，产品销售火爆，市场供不应求。制作出如此逼真的裘皮仿真熊猫的是一位小伙子，他叫胡玉路，是山东省菏泽市牡丹区都司镇人，原本学的是机械设计。可他却与熊猫结下了不解之缘，一头扎进了仿真玩偶界，成为大名鼎鼎的"熊猫厂长"，掀起了国潮玩偶的新潮流。

2012年大学毕业后，胡玉路进入山东济南一家企业从事与专业相关的工作。工作了一年后，胡玉路觉得，这并不是自己想要的生活，便辞职回家创业。回到家乡菏泽后，因为没有项目也没有本钱，胡玉路的第一次创业便是摆摊卖裘皮玩偶。"看到家乡的非遗裘皮手工技艺，便有了售卖裘皮玩偶的想法。"胡玉路告诉记者，他辗转菏泽和济南，在繁华的商业街摆摊售卖，但效果一般，第一次创业便以失败告终。因暂时没有更好的项目，胡玉路又重新找了一份工作攒钱，以备下一次创业。之后，他的第二次创业仍是与裘皮玩偶有关，虽然这次创业也失败了，但却让胡玉路对裘皮玩偶有了更深的思考。

2014年，经历了两次创业失败的胡玉路又找了一份新工作，开始了"朝九晚五"的生活。但内心之中，胡玉路并没有放弃创业，也没有放弃裘皮玩偶。这一次，他没有轻易开始，而是做了充分的准备。

"大熊猫是我们的'国宝'，大家都喜欢，并且熊猫只有黑白两种配色，便于制作。"胡玉路告诉记者，在选定以熊猫为原型后，他的思考和研究就没有停止过。"在这5年里，几乎每天我都在思考用什么材料做皮毛，什么材料做脚垫，什么材料做眼睛；每天我都在思考怎么裁，怎么缝，怎么粘；每天我都在思考怎么卖，卖给谁，在哪卖。"胡玉路说，想了5年，每只熊猫从穿第一针到完整的成品，每一个细节、每一个步骤都在他的脑海中演练了无数遍。2019年，第一次在四川成都见到了真的熊猫后，胡玉路决定瞒着家人偷偷辞职，第三次创业。为了不让家人发觉，胡玉路每天按照往常上班的时间出门，然后便来到自己的出租屋开始研究、设计制作仿真熊猫。

找会裘皮技艺的老艺人学习，从网上找资料、视频自学，在网上和同样喜欢熊猫的网友交流。自己一个人设计、建模、打板，从皮毛选材到脚垫填充物的选择，胡玉路都精益求精，找出最适合的。终于，第一个成品做出来了。心中有了底，胡玉路尝试在网上发布了30个订单，没想到瞬间被抢空，这给了胡玉路极大的信心，也终于让家人发现了他创业的事情。"看到我做的东西确实受到欢迎，他们也开始支持我创业。"胡玉路说。

纯手工制作，新国潮高端仿真熊猫玩偶爆火

在胡玉路的熊猫工厂，随处可见各种各样的熊猫元素。胡玉路的办公室里仿佛是一个熊猫乐园，沙发上摆放着不同大小、不同姿态的仿真熊猫，无论是近看还是远观，都仿佛是真的熊猫在这里玩耍。

胡玉路告诉记者，他们工厂制作的仿真熊猫玩偶在学习借鉴传统裘皮技艺的基础上，选用羊皮为原材料，同时采用新工艺并首创嵌入式硅胶脚垫和硅凝胶填充技艺，让熊猫的脚掌、鼻子等更加逼真，填补了市场空白，也让他们制作的仿真熊猫无论从外观、毛发质感、重量感等各方面都更接近真实的熊猫。

由于定位就是高端仿真玩偶，因此，在选材上可谓严之又严。仅在寻找仿真玩偶皮毛制作原料上，胡玉路就几乎找了所有的皮毛材料做实验，最终选定了其中一种羊皮。"我们的熊猫都是纯手工制作，每制作一只完整熊猫就需要3天时间。"胡玉路说，他们制作的每一只熊猫都要经过30道工序，为了追求高仿真效果，除皮毛外，在填充物的选择上，也费了很多心思，反复试验后最终确定采用硅凝胶材质，使得玩偶身体内部有液体般的感觉，安全并且手感更仿真、更治愈。

现如今，胡玉路的熊猫工厂制作的仿真熊猫玩偶在线上线下同时销售，均供不应求，产品在国内市场热销的同时，还经常接到海外订单。

2023年，胡玉路的熊猫工厂被山东省菏泽市牡丹区都司镇列入该镇全新打造的研学旅游线路中，成为一项特色推荐。在这里，游客不仅可以近距离与"熊猫"互动，了解仿真熊猫的制作流程，还可以感受不一样的熊猫文化。

（来源：《齐鲁晚报》）

5. 活动探讨

个人撰写完报告后再小组内交流完善，综合组内各方内容，形成以小组署名的最终报告并呈交授课教师（报告字数不少于800字），由授课教师综合评价。

写作区域：

_____

_____

_____

_____

创新成才 创业报国

习近平总书记在党的二十大报告中强调，必须坚持科技是第一生产力、人才是第一资源、创新是第一动力，深入实施科教兴国战略、人才强国战略、创新驱动发展战略，开辟发展新领域新赛道，不断塑造发展新动能新优势。2017 年 8 月，习近平总书记在给第三届中国"互联网＋"大学生创新创业大赛"青年红色筑梦之旅"的大学生回信时，勉励同学们扎根中国大地了解国情民情，在创新创业中增长智慧才干，在艰苦奋斗中锤炼意志品质，在亿万人民为实现中国梦而进行的伟大奋斗中实现人生价值，用青春书写无愧于时代、无愧于历史的华彩篇章。纵深推进"大众创业、万众创新"是深入实施创新驱动发展战略的重要支撑，大学生是"大众创业、万众创新"的生力军，新征程上，要以实际行动贯彻落实党的二十大精神，引导大学生牢记习近平总书记嘱托，胸怀"国之大者"，投身强国建设、民族复兴伟业，把创新创业的理想追求融入党和国家事业之中。有关方面要全面贯彻党的教育方针，坚持创新引领创业、创业带动就业，支持在校大学生提升创新创业能力，支持高校毕业生创业就业，不断提升人力资源素质，促进创新型人才持续涌现。

青春意味着无限可能，青年大学生是国家创新创业人才的源头活水。作为拓宽就业渠道、展现青春精神风貌、实现自身价值的有效途径，大学生创新创业多年来一直如火如荼，我们探索了一条具有中国特色的大学生创新创业发展道路，推动形成高等教育创新人才培养新模式。日前，第十三届"挑战杯"中国大学生创业计划竞赛、第八届中国国际"互联网＋"大学生创新创业大赛引发关注，参赛学子众多，创新领域广泛，进一步形成了激发创新精神、促进创业实践的良好氛围。青年有着创新创业的热情和力量，对大学生而言，勇于开拓进取，以聪明才智贡献祖国，以锐意创造服务社会，必将使自己的青春梦融入伟大的中国梦，以青春和理想谱写信仰和奋斗之歌。这些年来，仅在服务"三农"领域，有的学生利用"互联网＋电商"服务老区人民，提升农产品经济效益；有的通过各种形式的培训，破解农民"不会种、不会管、不会卖"的难题；有的组建产业技术服务团队，深入一线助力乡村振兴……学子们用专业知识和创新创业成果，交出了沉甸甸的青春答卷。同时我们也看到，培养大学生创新创业能力、为青年学子创新创业护航，是一项系统工程，大学生的创新创业实践目前还不同程度面临着融资难、经验少、服务不到位等问题。面向未来，需要多方联动，凝聚起强大合力，持续为增强大学生创新活力和支持大学生创新创业厚植土壤、优化环境、强化政策供给、细化各项措施，及时帮助大学生解决实际问题。

构建大学生创新创业教育体系。创新创业教育体系的构建是有效培养创新创业人才的关键，高校应在既有成绩基础上不断优化顶层设计、丰富教育内容、结出累累硕果。一方面，要构建科学合理的创新创业课程体系。创新创业思维的形成，必须依靠科学合理的知识结构，依赖于科学的课程体系。在专业教育中，要加入创新创业内容，开设学科前沿、创新思维、创业基础、就业创业指导等方面的课程，多用案例教学展示成功创业者的创业精神、创业方法、创业过程和创业规律，将创新创业教育贯穿专业教育全过程；另一方面，要加强相关师资队伍建设。在高校内选拔培训有创新创业意识的教师，鼓励和选派教师从事创业教育实践，同时面向校外聘请成功创业人士、企业家、专家学者等作为兼职教师，充实师资力量。

激活大学生创新创业内生动力。强烈的创新创业欲望和自信，既是影响大学生自主创新创业的核心因素，也是推动大学生主动创新创业并逐步走向成功的内生动力。高校要千方百计引导大学生增强创新创业的信心和勇气，鼓励和扶植更多具备自主创业条件的大学生脱颖而出。一是营造高校创新创业氛围。注重培育学生的创业兴趣，培养学生创新创业意识，并以举办创新创业讲堂、创新创业成功校友进校园等有效形式，启发引导学生探索创业之路。二是不断强化学生创新创业思维。开展多种形式的创业实践活动，鼓励学生在活动中对自身能力进行检验、锻炼，让学生积极思考、勇于探索。

优化大学生创新创业实践平台。大学生创新创业不仅需要依靠高校的理论教学平台，还需要搭建切实有效的创新创业实践平台。一是搭建创新创业能力训练平台。依托专业综合实验实训室、大学生创新创业中心和学校科研创新平台等场所，开展多层次、全方位创新创业训练；利用各类创新创业竞赛活动，提升学生的创新创业实践能力和服务企业能力；通过科研项目"导师制"，吸纳品学兼优、学有余力的学生进入课题组参与科学研究。二是搭建创新创业实操实训平台。通过校企合作模式，让大学生了解企业的管理模式，在实践中深化对理论知识的吸收，以实践锻炼帮助大学生苦练本领、增长才干。三是搭建创新创业项目孵化平台。与校外专业孵化机构深度合作，助推项目落地、发展；开展创业沙龙，邀请企业家对学生的创业项目进行分析和辅导；定期组织项目路演，做好创新交流、新产品展示发布等工作，为学生提供专业化咨询服务和孵化场所，构建更好的创新创业生态。

（来源：《吉林日报》）

自我评价

完成实训六后，自我对本次实训的完成情况进行评价（分条对每次活动中自我表现进行评价，字数不少于 500 字）。

_____

_____

_____

_____

_____

_____

_____

_____

_____

_____

_____

_____

_____

_____

_____

_____

_____

_____

❯考核评价

　　完成本次实训后，采用过程性评价和结果性评价相结合的方式，综合运用自我评价、小组评价和教师评价三种方式，由任课教师确定三种评价方式占总成绩的比例，加权计算出每个学生完成本实训活动的考核评价分数。

考核评价表

总评价分数		班级	
学号		姓名	
评价方式	评价内容	分值	分数
自我评价	活动参与情况	40	
	活动完成质量	30	
	能力掌握情况	30	
小组评价	活动参与程度	40	
	小组活动贡献度	30	
	小组沟通及合作情况	30	
教师评价	活动参与情况	40	
	活动完成情况	30	
	活动贡献程度	30	
总评价分数 = 自我评价分数 ×（　　）%+ 小组评价分数 ×（　　）%+ 教师评价分数 ×（　　）%=			

实训七
创业计划的编制与演练

 **实训目标**

1. 能够充分认知创业计划。
2. 能够编制创业计划书。
3. 能够进行创业计划的演练。

提示

1. 开始任务前进行分组，宜 5 ~ 6 人为一组。
2. 结合课堂时间进行实训，若时间不足，活动可由授课教师择选。

任务一　认知创业计划

活动：认知创业项目

【片段一】

一份创业计划书成就的创业梦

2015 年的任书豪 33 岁，他曾这样说："创业要创新，要打持久战。"任书豪名片上的身份是河北东方凯誉通信技术有限公司董事长。他的"持久战"始于 2003 年，当时他还是石家庄经济学院一名大学二年级的学生。在同龄人中总是显得"不安分"的他，如愿成为校学生会对外联络部的成员。

"那次，我代表学生会到河北网通石家庄分公司拉赞助，恰好碰上了西门子（中国）的销售代表，正在向网通公司推销一种通信智能网设备。"任书豪回忆当年创业的缘起说，当时，网通的工作人员没有对这种设备表现出多大的兴趣，"旁听"的他却被这种设备所具有的神奇功能"瞬间击中"。

当时，省会大学生还不知道通信智能网为何物，任书豪凭直觉判断：该设备如果引入大学，必然会是校园通信和各种支付活动的一场"革命"。这次巧遇，促成了西门子（中国）公司将设备以免费试用的方式首先在石家庄经济学院安装运营。没过多久，这款能通过手机卡完成多个项目统一支付的"精灵 E 线"获得了超出预想的成功，任书豪争取到了网通"精灵 E 线"在省会高校的推广代理权。2004 年 8 月，任书豪所带领的团队以他们的亲身经历为蓝本制作了创业计划书，一举夺得全国大学生"挑战杯"大赛铜奖。以此为起点，他们注册了东方凯誉公司，"我们的业务当年就覆盖省会十几所高校，公司的年收入已超 300 万。""从那之后的 10 年里，我做了很多事，但所有事都没有偏离以通信为基础的增值服务这个轨道。"任书豪说。

创业梦是美好的，而创业后如何拓展，为社会创造更多的财富？这个更大的梦想已经成为任书豪和他带领的年轻团队"穿云破雾"的原动力。

【片段二】

刘强的商业计划

刘强毕业于某名牌大学，经过多年的业余研究，他在室内环境污染治理方面取得了一项重要突破，这项技术如果在实际中得到应用，前景非常广阔。于是，刘强辞去原来的工作，准备自己创业，但若干年的积蓄都用在了室内环境污染治理的研究上，在七拼八凑注册了一家公司后，已经无力再招聘员工及购买实验材料了，无奈之下，刘强想到了风险投资基金，希望通过引入合作伙伴的方式解决困境。为此，他写了一份简单的创业计划书，与一些风险投资机构或个人投资者接洽商谈，虽然刘强反复强调他的技术多么先进，应用前景多好，但计划书中没有提供总数据，如市场需求量具体有多少？一年可以有多大的销售量？投资后年回报率有多高？就连招聘一些技术骨干也比较困难，这些人也总是对公司的前景缺乏信心。这时，曾经在刘强注册公司时帮助过他的一位做管理咨询的朋友一句话点醒了他："你的那些技术有几个投资者搞得懂？你的创业计划书里什么都没有，怎么让别人相信你？投资者凭什么相信你？"

于是，在向相关专家请教咨询后，刘强又查阅了大量的资料，然后静下心来，从公司的经营宗旨、战略目标出发，对公司的技术、产品、市场销售、资金需求、财务指标、投资收益、投资者的退出等方面进行了分析和论证，很快拿出了一份全面的创业计划书。经过几位相关专家的指点，他又对内容进行了修改和完善。凭着这份出色的创业计划书，刘强不久就与一家风险投资公司达成了投资协议，有了风险投资的支持，员工招聘问题也迎刃而解，现如今，刘强的公司经营得红红火火，年销售利润已达到 500 万元，回想往事，刘强感慨地说："创业计划书的编制与我搞的环境污染治理材料要求差不多，绝不是随便写一篇文章的事，编制计划书的过程就是我不断厘清自己思路的过程，只有自己思路清楚了才有可能让投资者和员工相信你。"

【片段三】

莫给自己挖坑

于某是一名高职环境艺术设计专业的大三学生，借助家中做木质家具生意的基础，她开办了自己的家具设计公司。2019年，作为学校创业社团的社长，于某用自己的公司报名参加了"互联网＋"创新创业大赛校内选拔赛。由于是真实落地的企业，很多教师和同学都看好这个项目，认为有望冲击省级比赛。能够在大赛舞台上进行展示，对于创业者来说是一个绝佳的投融见面机会，所以，于某也非常重视，希望将企业最好的一面展现给评委。

通过查阅资料，于某发现大赛评委很看重已经成立公司的真实经营情况，真正有销量、已经开始盈利的公司获奖概率更大一些。然而，自己的公司刚刚成立2个月，除接到家里家具厂的一份2 000元设计订单外，并没有和其他企业合作。但是，为了能够在比赛中胜出，于某灵机一动，在网上查询了一些家具生产厂家，编造了5万元的订单情况。

原以为项目可以很轻松突围校赛，晋级到省级决赛，结果却出乎意料。仅在校赛阶段，于某的创业计划便被淘汰了。原因很简单，在校赛路演时，评审专家连续抛出了"请说出委托你公司设计的企业负责人的名字""请说出你公司订单设计作品的名称""你公司接到最大的一项设计订单是什么时间？费用是多少？"等一系列问题，假的真不了，于某只能无言以对。尽管项目真实存在，但大赛评委专家还是认为于某的创业计划书有作假嫌疑，不建议推到省级决赛。于某很懊恼，苦笑道："真是自己挖的坑，哭着也要填上啊。"

【片段四】

杰夫·海曼和他的创业计划书

1995年，杰夫·海曼足足花了七八个月的时间才完成一份关于开发Career Central招聘网站的创业计划书。写完后，这份计划书足足有152页。当时和他同在硅谷的同事们都对这份计划书的完整、缜密赞不绝口，最后他也确实成功拿到了创业所需的50万美金启动资金。但是，每当回忆起这件事时，他总是忍不住要想，这么长的时间是否花得值得呢？

2011年，海曼在芝加哥有了另一个创业灵感——以数据跟踪为特色的减肥中心Retrofit。这一次，他没有花很多时间撰写创业计划，而是用了4个月的时间来考察自己的想法，走访潜在消费者、分销商和肥胖问题专家，彻底了解相关市场。经过100多次访谈后，他写出了一份仅有两页纸的创业计划书。最后，他就靠这两页纸拿到了创业所需的270万美元启动资金。

请学生思考以下问题。

1.阅读并结合材料，谈谈创业计划的基本目标。

_____

_____

_____

_____

_____

_____

2.阅读并结合材料，谈谈创业计划书的作用。

_____

_____

_____

_____

_____

_____

3.阅读【片段二】，你认为一份出色的创业计划书应包括哪些内容？刘强凭借一份创业计划书获得了风险投资，对你有什么启发？

_____

_____

_____

_____

_____

_____

4.阅读【片段三】，你认为于某的创业计划书缺失了哪项基本特征？除此之外，创业计划书的基本特征还有哪些？

_____

_____

_____

_____

_____

_____

_____

5.阅读【片段四】，你认为创业计划书在乎长短吗？请说明理由。杰夫·海曼的第二份创业计划书说明了什么？

_____

_____

_____

_____

_____

_____

_____

6.阅读并结合材料，按照创业计划的目标划分，上述材料中的创业计划书分别属于什么类型？除此之外，创业计划书的分类还有哪些？

_____

_____

_____

_____

_____

_____

_____

任务二 编制创业计划书

活动：编制创业计划书

1. 活动要求

以小组为单位，从书刊、报纸、网络等收集相关信息和资料，寻找一个可行的创业项目，尝试编制创业计划书。

2. 活动步骤

确定创业项目，编写创业计划书。活动步骤如下：

（1）教师布置实训项目及任务，并提示相关注意事项及要点。

（2）将班级成员划分为若干小组，成员可以自由组合，也可由教师指定组合。小组人数划分视班级总人数而定，每组选出1名组长。

（3）以小组为单位，通过书刊、报纸、网络等收集创业相关信息和资料，仔细分析研究资料，充分展开讨论，确定可行的创业项目。讨论时间的长度可视情况而定，课堂讨论或课外讨论均可。

（4）确定可行创业项目后，以小组为单位，尝试撰写创业计划书。

（5）创业计划书完成后，可在课堂安排创业计划书展示，由各小组代表发言，然后由各小组组长作为评审对此创业计划进行评分。

（6）教师进行最后总结及点评。

（7）由各组的评审评分加上教师的总结评分作为该组最终得分，对于得分最高的团队，适当进行鼓励和奖励。

3. 活动应用表格

（1）项目计划书大纲（表7-1）。

表7-1 项目计划书大纲

一、封面	
1. 创办企业的名称；	
2. 创办企业的地址；	
3. 创办企业的传真；	
4. 创业者的姓名；	
5. 创业者的电话；	
6. 创业者的电子邮件；	
7. 日期；	
8. 计划书编号；	
9. 保密要求	

二、目录 　1.主要章节； 　2.附录； 　3.对应页码	
三、执行概要 　1.企业简介； 　2.产品（或服务）描述及定位； 　3.市场分析； 　4.可行性分析； 　5.营销策略； 　6.管理团队及组织结构； 　7.财务分析； 　8.融资方案与风险投资的退出策略	
四、企业概况 　1.企业基本概况； 　2.企业发展历史及现状； 　3.产品（或服务）的竞争力； 　4.未来发展规划及目标	
五、产品（或服务） 　1.产品（或服务）的名称与用途，产品的概念、性能及特性； 　2.产品（或服务）的市场竞争优势； 　3.产品（或服务）优势； 　4.产品（或服务）的前景预测及变化、风险与困难； 　5.产品或服务的理念； 　6.产品的技术开发状况	
六、行业与市场分析 　1.目标市场分析； 　2.行业分析； 　3.竞争对手分析	
七、选址	
八、营销计划 　1.预期的销售渠道构成及实现的方案； 　2.销售队伍人员的配置及管理方法； 　3.销售渠道建设中可能遇到的问题及解决方案； 　4.销售渠道的发展方向及各阶段目标； 　5.产品的价格及制定依据； 　6.产品的促销策略	

续表

九、法律形式、人员及组织结构	
十、财务分析 　1.投资估算； 　2.现金流量预估表； 　3.损益预估表； 　4.资产负债预估表； 　5.盈亏平衡分析； 　6.预计投资回收期	
十一、风险管理 　参见"实训六任务二中的'活动二'"	
十二、退出机制	
十三、附录	

（2）评估与改进项目计划书（表7-2）。

表7-2　评估与改进项目计划书

一、封面 　1.创办企业的名称； 　2.创办企业的地址； 　3.创办企业的传真； 　4.创业者的姓名； 　5.创业者的电话； 　6.创业者的电子邮件； 　7.日期； 　8.计划书编号； 　9.保密要求	
二、目录 　1.主要章节； 　2.附录； 　3.对应页码	
三、执行概要 　1.企业简介； 　2.产品（或服务）描述及定位； 　3.市场分析； 　4.可行性分析； 　5.营销策略； 　6.管理团队及组织结构； 　7.财务分析； 　8.融资方案与风险投资的退出策略	

续表

四、企业概况 　1. 企业基本概况； 　2. 企业发展历史及现状； 　3. 产品（或服务）的竞争力； 　4. 未来发展规划及目标	
五、产品（或服务） 　1. 产品（或服务）的名称与用途，产品的概念、性能及特性； 　2. 产品（或服务）的市场竞争优势； 　3. 产品（或服务）优势； 　4. 产品（或服务）的前景预测及变化、风险与困难； 　5. 产品或服务的理念； 　6. 产品的技术开发状况	
六、行业与市场分析 　1. 目标市场分析； 　2. 行业分析； 　3. 竞争对手分析	
七、选址	
八、营销计划 　1. 预期的销售渠道构成及实现的方案； 　2. 销售队伍人员的配置及管理方法； 　3. 销售渠道建设中可能遇到的问题及解决方案； 　4. 销售渠道的发展方向及各阶段目标； 　5. 产品的价格及制定依据； 　6. 产品的促销策略	
九、法律形式、人员及组织结构	
十、财务分析 　1. 投资估算； 　2. 现金流量预估表； 　3. 损益预估表； 　4. 资产负债预估表； 　5. 盈亏平衡分析； 　6. 预计投资回收期	
十一、风险管理 　参见"实训六任务二中的'活动二'"	
十二、退出机制	
十三、附录	

（3）工作手册（表7-3）。

表7-3 工作手册

创业项目名称		
任务实施关键点		
序号	创业计划书的编制流程	实施策略
1	撰写团队组建环节	
2	计划构想细化环节	
3	实地走访验证环节	
4	文件定稿制作环节	
5	计划实施调整环节	

工作小结：

（4）会议纪要（表7-4）。

表 7-4　会议纪要

会议主题		会议时间	
参会人		主持人	
会议内容			
会议结论			

（5）考核与评价（表7-5）。

表7-5　考核与评价

姓名		班级		得分
自我评价 （30分）	自我反思（总结本次活动的完成情况，掌握了哪些知识和技能，锻炼了哪些能力，收获了什么，自己的不足之处及怎样提升等）			
组员评价 （30分）	团队互评（主要指在团队中的表现情况）			
教师评价 （40分）				
总分（100分）				

任务三　演练创业计划

活动：创业计划演练

1. 活动要求

基于任务二编制的创业计划书准备演练，由授课教师及学生作为评审。每组推举一名代表，采用PPT讲演的方式进行演练，限时10分钟。

2. 活动步骤

（1）演练准备：认真思考并讨论创业计划的演练策略，确保组员代表掌握了创业项目的所有信息，然后凝练出创业计划的各个要点，以此来做演练训练。

（2）演练比赛：组员代表采用PPT讲演的方式，对本组的创业项目进行演练，限时10分钟。

（3）演练评估：每次讲演完毕后，由授课教师与学生对各个创业项目进行打分与提问。

3. 活动应用表格

（1）评分标准（表7-6）。

表7-6　评分标准

序号	评估项目	分值	评分
1	创意（清晰、通俗地描述产品或服务）	20	
2	顾客（明确描述初始目标市场及其规模）	20	
3	需求（明确陈述并理解问题或机会匹配）	20	
4	商业模式（各个要素是明确理解的）	10	
5	差异化（已经识别并证实了某些与目标顾客共鸣的独特特征）	10	
6	团队（团队拥有所需的技能、资源和经验）	10	
7	资金（融资计划是合理的，识别到了具体数量的资金需求）	10	
合计			

（2）演练细节记录（表7–7）。

表 7-7　演练细节记录

序号	细节项	表现评价
1	演练整体效果	
2	演练 PPT 制作效果	
3	演练答辩效果	
4	其他效果	

4. 活动问题

针对每一个演练，讨论以下问题。

（1）有人能描述产品或服务是什么及如何发挥作用吗？

_____

_____

_____

_____

_____

_____

（2）谁是目标顾客及要解决的问题是什么？

_____

_____

_____

_____

_____

_____

（3）这是个好机会吗？为什么？

_____

_____

_____

_____

_____

_____

_____

（4）存在一些情境因素导致你相信这是一个好机会吗？

_____

_____

_____

_____

_____

_____

_____

（5）该产品是独特的或与竞争产品及其他替代产品有何不同吗？

_____

_____

_____

_____

_____

_____

_____

（6）项目计划如何赚钱？

_____

_____

_____

_____

_____

_____

_____

（7）团队的技能与企业的需求一致吗？

_____

_____

_____

_____

_____

_____

_____

（8）启动新企业需要什么资源？

_____

_____

_____

_____

_____

_____

_____

（9）你觉得信息沟通的方式如何？

_____

_____

_____

_____

_____

_____

_____

_____

_____

（10）在给定的时间范围内，演讲者可以做些什么来改进演讲内容和沟通方式？

_____

_____

_____

_____

_____

_____

_____

_____

_____

拓展阅读

第十三届"挑战杯"中国大学生创业计划竞赛全国决赛开幕

2023 年 3 月 17 日，第十三届"挑战杯"中国大学生创业计划竞赛全国决赛开幕式暨大学生青创报国汇报会在北京理工大学举办。团中央书记处第一书记贺军科、书记处书记傅振邦，工业和信息化部副部长王江平，北京市委副书记刘伟，北京理工大学党委书记、中国工程院院士张军，北京理工大学校长、中国工程院院士龙腾出席，来自全国各高校 800 余名参赛师生代表参加。

贺军科在致辞中提出，以习近平同志为核心的党中央高度重视青年成长发展、大力支持青年创新创业。党的二十大擘画了全面建设社会主义现代化国家的宏伟蓝图，为当代青年施展才干、实现梦想搭建了广阔舞台。当代大学生要在强国建设、民族复兴的新征程上挺膺担当，努力创造属于这一代青年的历史荣光。要坚守理想、矢志创新，树立科创报国志气，学习创新创造才气，为我国科技自立自强、突破"卡脖子"技术多做贡献；要脚踏实地、迎难而上，依靠顽强拼搏打开事业发展新天地，让每个岗位都能绽放绚丽之花；要敢于斗争、勇毅前行，不惧风高浪急甚至惊涛骇浪，用肩膀扛起时代赋予的强国使命。

王江平在致辞中提出，"挑战杯"作为一项具有导向性、示范性和群众性的全国竞赛活动，在促进创新人才培养、深化高校素质教育、推动经济社会发展等方面发挥了重要作用。他希望青年师生坚持报效祖国、胸怀天下，坚持矢志攻关、自立自强，坚持心系社会、服务人民。他强调，工业和信息化部将积极推进创新链、产业链、资金链、人才链深度融合，大力培育创新文化，为青年师生脱颖而出、尽展才华提供广阔舞台，创造良好环境。

刘伟在致辞中提出，本届"挑战杯"在北京举办，进一步激发了首都高校创新创业热情，推进创新创业创造向纵深发展。他希望，大家牢记习近平总书记"只要有志向就会有事业，只要有本事就会有舞台"的殷切嘱托，自觉培养创新意识、自觉提升创造能力、自觉投身创业实践，敢想敢为、善作善成，让青春在新征程的创业实践中熠熠生辉。

张军在致辞中提出，在本届赛事中，北京理工大学发挥元宇宙技术优势，将"数字化办赛"作为本届竞赛的鲜明特色，首次推出大型沉浸式数字校园，可实现 10 万人同时在线、百万人共同参与，进一步提高了大赛的客观性、群众性、交流性。

在汇报会上，清华大学李芳毅、北京理工大学许毅、西安交通大学潘远志、宁波大学秦康翔、贵州大学周奇、安徽职业技术学院李云龙 6 名同学，围绕芯片封装国产化、仿生机器人制造、海蟹陆养带动农民增收等方面讲述青春奋斗故事，展现了当代青年学生投身创新创业、矢志科创报国，以实际行动贯彻落实党的二十大精神和全国两会精神的良好精神风貌。

据悉，第十三届"挑战杯"中国大学生创业计划竞赛由共青团中央、教育部、人力资源和社会保障部、中国科协、全国学联、北京市人民政府共同主办。大赛贯彻"创新、协调、绿色、开放、共享"的新发展理念，设置科技创新和未来产业、乡村振兴和农业农村现代化、社会治理和公共服务、生态环保和可持续发展、文化创意和区域合作5个组别。大赛自2022年4月启动以来，共吸引来自3 011所高校的142.4万名学生参赛，累计提交33万余个创新创业项目；各级团组织开展实践云接力、青年学习汇、职场体验营、导师会客厅等活动7 300余场，来自25.6万个团队的近百万名学生，赴2 613个县（市、区、旗）开展了丰富多彩的社会实践活动。

（来源：《中国青年报》）

❯ 自我评价

完成实训七后，自我对本次实训的完成情况进行评价。（分条对每次活动中自我表现进行评价，字数不少于500字）

❯ 考核评价

完成本次实训后，采用过程性评价和结果性评价相结合的方式，综合运用自我评价、小组评价和教师评价三种方式，由任课教师确定三种评价方式占总成绩的比例，加权计算出每个学生完成本实训活动的考核评价分数。

考核评价表

总评价分数		班级	
学号		姓名	
评价方式	评价内容	分值	分数
自我评价	活动参与情况	40	
	活动完成质量	30	
	能力掌握情况	30	
小组评价	活动参与程度	40	
	小组活动贡献度	30	
	小组沟通及合作情况	30	
教师评价	活动参与情况	40	
	活动完成情况	30	
	活动贡献程度	30	
总评价分数 = 自我评价分数 × （　　　）%+ 小组评价分数 × （　　　）%+ 教师评价分数 × （　　　）%=			

实训八
创业资源的整合与融资

 **实训目标**

1.能够充分认知和灵活整合创业资源。
2.能够充分理解和熟练实施创业融资。

提示

1.开始任务前进行分组，宜 5 ~ 6 人为一组。
2.结合课堂时间进行实训，若时间不足，活动可由授课教师择选。

任务一　认知与整合创业资源

活动一：认知创业资源

【片段一】

合伙人

创业者的人脉圈往往决定了其事业的高度。血缘、地缘、业缘、同乡、校友、同僚、战友等，都是形成人际交往圈的重要因素。在这些圈子里，校友圈又显得比较特别，见表 8-1。有人说，世界上能够产生最好的朋友的地方就是学校和战场。

表 8-1 校友创业团队

公司名称	学校	校友创业者
腾讯	深圳大学	马化腾、张志东、陈一丹、许晨晔
新东方	北京大学	俞敏洪、徐小平、王强
携程	上海交通大学	季琦、沈南鹏、范敏
饿了么	上海交通大学	张旭豪、康嘉、汪渊
复星集团	复旦大学	郭广昌、梁信军、汪群斌、谈剑
蘑菇街	浙江大学	陈琪、魏一博
美团网	清华大学	王兴、王慧文
途牛网	东南大学	于郭德、严海锋

【片段二】

史蒂夫·乔布斯——一个被上帝咬过的苹果

史蒂夫·乔布斯，1955 年 2 月 24 日生于美国加利福尼亚州旧金山，是计算机业与娱乐业的标志性人物，作为拥有梦幻般传奇经历的苹果电脑公司的创始人，他的成就与人格魅力影响了一代人和整个世界。作为创业者，他无疑是成功的，年仅 21 岁就和同伴在车库里创立了苹果公司，并带领苹果先后推出了 Macintosh、iMac、iPod、iphone、iPad 等畅销全球的电子产品，深刻久远地颠覆了现代通信、娱乐，影响了人们的生活方式。他就像好莱坞里的英雄，单凭一己之力改变了世界，让人与人之间的距离触手可及，就如他自己所说：活着就是为了改变世界！

环境资源

乔布斯在美国高科技企业云集的"硅谷"附近度过了快乐的童年时光，他的邻居大多是硅谷里的职员，在耳濡目染下，乔布斯从小就对电子学非常痴迷，在邻居们的帮助下，乔布斯有幸可以接触到先进的信息技术，这为他后来创业提供了前提条件。随后全球进入信息爆炸时代，智能产品快速发展，手机、计算机已经有了一定的技术基础，可是却远远满足不了人们的期望值。苹果顺应历史应运而生，环境造就了苹果公司，而苹果公司影响了世界。

人力资源

乔布斯一直认为，一个创业公司的前十个员工决定了这个公司的水平，因为每个人都要能负担公司 1/10 的工作。工作由一个人完成必然是不切实际的，想要缔造成功必须和最优秀的人一起工作。乔布斯在中学时与斯蒂夫·沃兹尼亚克在一次聚会上相识，有相同兴趣的两人一拍即合。斯蒂夫·沃兹尼亚克是学校电子俱乐部的会长，拥有较好的技术并且勤奋踏实。乔布斯自己也具有异于常人的智慧和对市场敏锐的直觉，敢于变革和创新。在苹果公司成立初期基本无人问津，直到遇见了擅长推销工作的电气工程师马尔库拉，他给苹果制订了一个商业计划，并贷款给苹果公司，利用这笔资金，苹果公司的发展才得以加速前进。丰厚的人力资源保证了苹果公司的日益壮大。

理念资源

世界那么大，为何处处是 iPhone？苹果公司的崛起离不开其贴合人性的理念，它始终以每个细节最优化，给客户最舒适的体验为技术研究的目标。虽然其他手机系统有让人眼花缭乱的功能和更高的内存，但苹果公司坚持立场，没有随波逐流，其 iOS 系统的流畅性与安全性均极高，在手机市场百花齐放的今天，苹果仍然傲视群雄。苹果公司的理念资源就是它在创业途中的盔甲，虽然沉重，却能走得平稳、走得更远。

乔布斯创造了苹果，缔造了一个商业神话。苹果公司前首席执行官认为乔布斯不具备科技研发的能力，可是乔布斯善于利用这些在创业路上遇见的资源，并让这些资源在恰当的时候发挥它们最大的价值。这个被上帝咬过的苹果并不是与生俱来的，而是乔布斯充分利用各种资源创造的。

【片段三】

广东联邦家私集团董事局主席兼总裁杜泽桦的创业故事

30 多年前，在广东南海，有个年轻人跟他的 5 个创业伙伴开始了漫长的家具创业之路。如今的他，已经到了中年，原来的小作坊在他的苦心经营下，成为国内高档家具品牌的第一个加盟企业。他就是广东联邦家私集团（以下简称"联邦"）董事局主席兼总裁杜泽桦，他领导的团队创造了一系列奇迹：从草创之初的籍籍无名，到一张"联邦椅"风靡全国，今天联邦已成为中国家具业的一面旗帜；20 年稳步发展，一年一个新台阶，成为我国民企的一棵"常青树"；昔日的 6 位创始人风雨同舟、不离不弃，成为家居美容业内的一段佳话；原来资产不过万元的小作坊，现在有了很大的规模，净资产过亿元。

从 9 000 元到数亿元的资本积累

30 多年前，包括杜泽桦在内的 6 个广东南海人，集资 9 000 元，开始了他们的创业历程。南海是中国传统的"藤乡"，6 个人中有一半原先在当地藤厂工作过，生产藤质家具显然是其最合适的选择。于是，凭借着几个烤藤用的烤灯，他们制作出了创业历程中的第一件产品———一把藤椅。1984 年，我国刚刚改革开放不久，市场上的物资非常匮乏。"尽管没有资金，没有背景，但只要够胆大，生产出来，就有人买，有人买就可以赚钱，而赚了钱就有了积累。"在这个背景下，杜泽桦的藤椅卖得不错。

但是，两年后，一次偶然的交流改变了他们的设计方向，促成了后来的"联邦"。1986 年，杜泽桦一位去过欧洲的姑姑告诉他，在欧洲，木质家具才是家具主角，因为它看上去很高档，并要他们替自己做一套木家具。杜泽桦和伙伴们花了两个多月时间设计了30 多款木质家具。出乎意料的是，被选中的那款家具在路边竟引来路人围观。从此，杜泽桦便开始专门生产木质家具。之后杜泽桦别出心裁，联合广州东山百货大楼搞了个"90 年代家私展望"，"联邦"在广州一举成名。杜泽桦逐渐领悟到：做家具，想经营领先，首先要设计领先。在联邦集团，杜泽桦一贯倡导这种原创性。1992 年的"联邦椅"可以说是一个极致。

"联邦椅"是一款硬木沙发，由于造型符合人体曲线、久坐无疲劳感，面世以后，一个月最多时卖出过 1 300 套，为公司创造了 500 多万元的收入，创造了中国家具史上罕见的单一产品覆盖全国市场、经久畅销的奇迹。而据不完全统计，包含仿冒品在内，"联邦椅"至今已销售了 1 亿多套。

1992 年，时逢邓小平南方谈话，杜泽桦和他的团队趁热打铁，创建了联邦"营销共同体"，在全国建立了经销网络，产值和利润每年成倍增长。同时，联邦还很早就在新加坡、中国香港地区率先成立了分公司，其销售业绩同样以每年 100% 的速度递增。

6 位不离不弃的合作者

中国人都知道"合"字难写，尤其是合伙做生意，一次两次容易，如果长期合作，兄弟父子都不容易。但是在 30 多年中，杜泽桦和 5 位没有血缘关系的合伙人始终不离不弃，堪称奇迹。"我们 6 个人性格差异很大，家庭背景、教育情况、年龄阅历都不尽相同，但互相之间确实很少红脸，有过几次也只是针对具体的工作。"作为 6 个人的"班长"，杜泽桦对伙伴们的默契配合心存感激，"大家当初都是为了生计出来干事，没什么野心，后来公司发展大了，大家还能抱着拧成一股绳的心态做事业，在利益上不斤斤计较，实在难能可贵。""有一句话也许不该说。如果明天一觉醒来，什么都没有了，也没有关系。因为本来我们 6 个人就一无所有，我们拥有的只是顽强的生命力。"杜泽桦指的这种生命力，来源于他 60 多年来对人生的理解和体验，他自己曾总结，创业者所需要的第一个条件就是心态好，要相信自己的人生会美好，无论面对怎样的挫折或失败，都要怀揣平和的心态。

联邦的管理

联邦的 6 位创始人 30 多年间不离不弃有一个很大原因——联邦的制度。联邦一开始就不是家族式的企业，而是采用了股份制的架构。他们明白，想要真正实现现代企业制度，还有一个制度安排的问题。"创业初期，股东、厂长、工人、卖场业务员，几种身份一体化。但在企业进入高速扩张时期后，股东担任管理职务，个人的能力、精力、水平从局部开始感到力不从心。怎么办？这就要让优秀的职业经理人进入管理高层，让部分股东接受职业经理人领导。"

杜泽桦谈起了他在 20 世纪 90 年代初为联邦家私进行的"管理老板"的改革，简单说就是，在引进许多优秀的经理人之后，股东在职位上要接受职业经理人的领导。现在，有的职业经理人已经获得了联邦的股份而成为股东。制度上的保证和 30 多年来的默契，使这 6 位合作者创造了一个长寿企业。如今的联邦，已经成为中国中高档家具招商市场的领军企业，员工已达到 2 000 多人，在全国建立了 1 000 多家连锁专卖店，而海外市场已经覆盖五大洲 90 多个国家和地区，共 350 多个城市。

请学生思考以下问题。

1. 阅读【片段一】，其中反映出的创业资源，按其存在形态分类属于什么类型的创业资源？按其对企业成长的作用或来源分类，又属于什么类型的创业资源？

_____

_____

_____

_____

_____

_____

2.阅读【片段二】，其中反映出创业资源的什么特征？请用【片段二】中的材料对应说明其反映出的创业资源特征。

_____

_____

_____

_____

3.阅读【片段二】，其中史蒂夫·乔布斯获得人力资源的途径是什么？结合实际，谈谈你认为应如何获得创业的人力资源，除此之外，技术资源与外部资金资源又如何获取？（字数不少于500字）

_____

_____

_____

_____

_____

_____

_____

_____

_____

_____

4.阅读【片段三】，结合影响创业资源获取法人因素，谈谈你对广东联邦家私集团能取得成功的看法（字数不少于500字）。

_____

_____

_____

_____

_____

_____

_____

_____

5.结合材料，小组成员围绕问题4进行讨论（限时10分钟），再推荐一名组员代表在课堂讲台进行演讲（限时5分钟），演讲可结合材料，也可结合网络或身边事例。台下学生对各个组员代表的演讲内容重点进行记录，教师随机抽查几名学生，要求被抽查的学生分条复述各个组员代表演讲的重点内容。

演讲重点内容的记录区域：

_____

_____

_____

_____

_____

_____

_____

_____

活动二：整合创业资源

【片段一】

拼凑"苍蝇"，臭芒果也能完成授粉

芒果开花有异味，海南的芒果园每到开花季节就臭气熏天，臭味导致蜜蜂"拒绝"前来授粉。一直以来，芒果园依靠大量人工授粉，但这种方法成本极高，而且速度慢，满足不了花期要求。

芒果园想尽办法吸引蜜蜂，先是用糖水引蜂但没有成功，后来通过给蜂农补贴，把蜂箱搬到园里，强迫蜜蜂授粉，结果证明还是不行。就在果农心灰意冷时，科学院的专家帮忙想出了一个"拼凑"创新的好点子。

科学院的专家建议果农收集农贸市场的渔业垃圾，撒在树干和树下，臭鱼烂虾引来了苍蝇。苍蝇虽然不会授粉，但它在叮芒果树上的臭鱼烂虾时，腿上的绒毛沾满花粉，最终在树干间飞来飞去完成授粉。花期结束后，果农对这些臭鱼烂虾进行了填埋处理，还顺便解决了施肥问题。

【片段二】

范蠡贩马

范蠡是春秋末期一代名相，当时诸侯割据、战事不断。越国因战争需要大量战马，而北方牧场的马匹便宜又剽悍。如果能将北方的马匹卖到越国，一定能够获取丰厚的利润。可问题是当时兵荒马乱，沿途常有强盗出没。

经过调查，范蠡终于了解到北方有个叫姜子盾的商人，因常贩运麻布早已买通了沿途强盗。于是，范蠡就把主意放在了姜子盾的身上。他写了一张告示张贴在城门口，大意是：范蠡新组建了一支马队，可免费帮人向吴越运送货物。

果然，姜子盾看了告示之后主动找到范蠡，求运麻布。范蠡满口答应。就这样范蠡与姜子盾一路同行，货物连同马匹都安全到达吴越，马匹在吴越很快卖出，范蠡因此获得了巨大的商业利益。

【片段三】

牛根生的资源整合

没有任何资源，难道就不能做事情，不能创业吗？我们不能被眼前的困难吓倒，要明白一个道理：资源是可以整合的。没有工厂，可以借别人的工厂生产；没有品牌，就先做别人的品牌，然后积累了一定基础后，做自己的品牌，同时也可以整合其他品牌资源。比如说，怕上火就喝王老吉，你就说，上火就喝"降火王"，当别人喝王老吉的时候，也会想到你。基本上企业的任何资源都可以整合。

现在这个时代，靠一个企业独立经营、单打独斗，力量是十分有限的，只有整合各方面的资源才能把一个企业做大。

牛根生是这方面的牛人。牛根生刚开始只是伊利的一个洗碗工，凭着自己的勤奋和聪明成为生产部门的总经理。后来被伊利以各种原因辞退了，但是他那个时候都40多岁了，去北京找工作，人家嫌弃他年纪大。因此，他又回到呼和浩特，邀请原来伊利的几个同事一起出来创业，人有了，但是没有奶源，没有工厂，没有品牌，每一项都是致命的。

牛根生便开始了资源整合，通过人脉关系他找到哈尔滨一家乳制品公司，这家公司的设备都是新的，但是生产的乳制品质量有问题，同时营销渠道这一块没有打通，所以产品一直滞销。牛根生马上找到这家公司的老板说："你来帮我们生产，我们这边都是伊利的技术高层，帮忙技术把关，牛奶的销售、铺货我们也承包了。"这位老板一听，马上答应下来。而且他们几个一起出来创业的伙伴也有落脚的地方，解决了生存的问题。

第二个问题，没有品牌怎么办？在乳制品这个行业，没有品牌很难销售，因为品牌代表着安全可靠。牛根生借势整合，打出口号："蒙牛甘居第二，向老大哥伊利学习"，口号一出，一个不知名的品牌马上挤入全国前列。牛根生不只是盯着伊利，而是把自己和内蒙古的几个知名品牌联系起来，说："伊利、鄂尔多斯、宁城老客、蒙牛为内蒙古喝彩！"因为前三个都是内蒙古的驰名商标，自己放在最后，给人感觉就是内蒙古的第四品牌。牛根生通过整合品牌资源，让蒙牛没有花一分钱就迅速成为知名品牌。

第三个问题，没有奶源怎么解决？买牛养殖，第一牛很贵，第二也没有那么多人员去照顾，因此蒙牛整合了三方面的资源：农户、农村信用社、奶站。把信用社的钱借给奶农，蒙牛担保，而且承诺包销路。奶牛生产出来的奶由奶站接收，蒙牛又找到奶站。蒙牛定时把信用社的钱还了，把利润分给了奶农，趁机喊出一个口号："一年养10头牛，过的日子比蒙牛的老板还牛。"

请学生思考以下问题。

1.阅读【片段一】【片段二】，谈谈片段中是如何有效进行资源整合的？并由此谈谈，你对创业资源进行有效利用的看法。（字数不少于500字）

_____

_____

_____

_____

_____

_____

_____

_____

_____

2.阅读【片段三】，牛根生是如何进行创业资源整合的？通常来讲，创业资源整合的步骤是如何进行的？

_____

_____

_____

_____

_____

_____

_____

_____

3.阅读并结合材料，谈谈你对如何进行创业资源创造性拼凑的看法，可以结合网络或身边的事例进行阐述。（字数不少于 500 字）

_____

_____

_____

_____

_____

_____

_____

_____

_____

_____

_____

_____

_____

_____

4. 小组成员围绕问题 3 进行讨论（限时 10 分钟），再推荐一名组员代表在课堂讲台进行演讲（限时 5 分钟）。台下学生对各个组员代表的演讲内容重点进行记录，教师随机抽查几名学生，要求被抽查的学生分条复述各个组员代表演讲的重点内容。

演讲重点内容的记录区域：

任务二　理解创业融资

活动一：理解创业融资

【片段一】

张朝阳的创业融资

1993 年在美国麻省理工学院获得博士学位的张朝阳，被任命为麻省理工学院亚太地区企业关系中国事务联络官员。1995 年 10 月，张朝阳加盟 ISI 公司，被任命为公司驻中国的首席代表。由于工作关系，张朝阳了解到美国的互联网络发展迅猛，日本、西欧也在迎头赶上，而中国在这一领域几乎是一片空白。中国当时的互联网建设面临许多问题，其中最为突出的是信息匮乏，这使张朝阳清楚地认识到中国人需要自己的中文 ISP（网络服务提供商），于是，便下决心建立一个全中文的信息网站。但在有了好的创业构思，并在技术上确认后，关键是要获得创业启动资金。对于胸怀大志、两手空空的创业者，其创业资金从何而来？张朝阳想到的第一个办法就是从创业投资者那里获取创业投资，美国的创业投资市场还是相当发达的。于是，张朝阳开始了融资行动。他先找到在美国相识的教授，但教授对中国的市场似乎信心不足，第一次融资无功而返。此后半年里，为融资他往返于北京与波士顿之间，先后谈了十几家公司，结果都是空手而归。就在张朝阳感到失望的时候，他遇到了麻省理工学院闻名于世的未来学家——尼葛洛·庞蒂。尼葛洛·庞蒂只与张朝阳谈了十几分钟，而张朝阳紧紧抓住了这十几分钟的机会，最后，尼葛洛·庞蒂邀请张朝阳参加伦敦的先锋论坛会议。后来，尼葛洛·庞蒂却因故没能参加伦敦会议，但张朝阳在会议上的发言却得到了尼葛洛·庞蒂同事的赞扬。就这样，尼葛洛·庞蒂答应给张朝阳投资 5 万美元。由于有尼葛洛·庞蒂的投资，美国另一个著名投资人罗伯特和麻省理工学院的一个学生也答应给张朝阳投资。这样，张朝阳终于获得了共 22.5 万美元的投资，创立了爱特信（ITC）公司。

在进行创业战略环境分析后，张朝阳发现，中国的信息资源几乎是空白。于是，他选择了 ICP，并又以麻省理工学院博士的身份说服了北京电信部门与自己合作，共同开发中国工商网。由于借鉴麻省理工学院成熟的技术和商业运作模式，仅仅用了很小的投入就获得了最快速度的提高。而此时的张朝阳又陷入了困境：一是资金行将枯竭，二是访问量很小。随着中国工商网的运行，资金需要量加大，而且短期难以收回投资。到 1997 年 7 月，爱特信公司已经弹尽粮绝，只靠采用金融领域最为苛刻的借贷形式——"桥式贷款"来解燃眉之急。这意味着公司一旦失败，张朝阳就可能一生背着债务。面对中国工商网的停滞状态，张朝阳和他的同事们进行了一次平台审查，发现一个"指南针"的栏目专门像地图一样帮助上网者找网上信息，其访问量一直很高。因此，他决定放弃做内容，改为做"指南"，这样就诞生了爱特信搜狐公司。1998 年 2 月，打出广告，"出门靠地图，上网找搜狐"。中国自己的网上搜索引擎——搜狐诞生。同时，从 1998 年 2 月开始，张朝阳的第二次融资活动就一直没有停止。此时，出现在投资者面前的张朝阳相当自信地说："我可以给你带来一个巨大的投资机会。"

1998 年 4 月，由英特尔牵头，香港恒隆地产、IDG 国际数字集团及美国哈里森公司共同向搜狐投入 200 万美元的风险投资，张朝阳的第二次融资获得成功。目前，搜狐网站日访问量突破 10 万人次，超过了雅虎中文版在大陆的访问量。由此可见，创业融资的整个过程充满了各种风险。

【片段二】

"创新工场"与"豌豆荚"

创新工场由李开复创办于 2009 年 9 月，是一家致力于早期阶段投资，并提供全方位创业培育的投资机构。创新工场是一个全方位的创业平台，旨在培育创新人才和新一代高科技企业。创新工场通过针对早期创业者需求的资金、商业、技术、市场、人力、法律、培训等提供一揽子服务，帮助早期阶段的创业公司顺利启动和快速成长。同时，帮助创业者开创出一批最有市场价值和商业潜力的产品。

"豌豆实验室"是创新工场首批孵化项目之一，短短 2 年时间，其主要产品豌豆荚拥有上千万的忠实用户，已经成为国内 Android 手机用户安装应用的主要来源。

【片段三】

3W 咖啡——会籍式众筹

3W 咖啡采用众筹模式向社会公众进行资金募集：每个人 10 股，每股 6 000 元，相当于一个人 6 万元。那时正是微博最火热的时候，很快，3W 咖啡汇集了一大批知名投资人、创业者、企业高级管理人员，其中包括沈南鹏、徐小平、曾李青等数百位知名人士，股东阵容堪称华丽。3W 咖啡引爆了中国众筹式创业咖啡在 2012 年的流行，几乎每个城市都出现了众筹式的 3W 咖啡。3W 很快以创业咖啡为契机，将品牌衍生到创业孵化器等领域。

3W 的游戏规则很简单，不是所有人都可以成为 3W 的股东，也就是说不是你有 6 万元就可以参与投资的，股东必须符合一定的条件。3W 强调的是互联网创业和投资圈的顶级圈子。没有人是为了 6 万元可能带来的分红而投资的，3W 给股东的价值回报更多的是圈子和人脉价值。试想如果投资人在 3W 中找到了一个好项目，那么多少个 6 万元都赚回来了。同样，创业者花 6 万元就可以认识一大批同样优秀的创业者和投资人，既有人脉价值，也有学习价值。很多顶级企业家和投资人的智慧不是区区 6 万元可以买到的。

请学生思考以下问题。

1. 阅读并结合【片段一】，张朝阳第一次创业融资无功而返的原因是什么？

_____

_____

_____

_____

2. 阅读【片段二】，并通过网络搜索相关信息，你认为李开复的"创新工场"的创业融资的原则是什么？李开复的"创新工场"除投资"豌豆荚"外，还有哪些创业融资的案例？

_____

_____

_____

_____

_____

3. 阅读【片段三】，其中的创业融资的途径是什么？除此之外，你还知道哪些创业融资的途径？

_____

_____

_____

_____

4. 结合网络素材或身边事例，谈谈初创企业不同阶段创业融资的原因。

_____

_____

_____

_____

5. 小组成员围绕问题 4 进行讨论（限时 10 分钟），再推荐一名组员代表在课堂讲台进行演讲（限时 5 分钟）。台下学生对各个组员代表的演讲内容重点进行记录，教师随机抽查几名学生，要求被抽查的学生分条复述各个组员代表演讲的重点内容。

演讲重点内容的记录区域：

活动二：创业融资测试

1. 活动说明

针对实训七任务二中确定的创业项目，学生可根据下列题目对自己的创业项目融资能力进行简单测试。注意，该测试主要针对通常情况设计，且每道题目测试的重点不一样。因此，应分别看待每一题，不必注重总体分值。该测试仅供参考，不可作为专业评判的依据。

2. 活动测试

（1）你的创业项目目前所处的阶段是（　　）。

A. 有基本成熟或者非常成熟的产品或服务（10分）

B. 还只是一个构思（0分）

（2）你的创业项目是否具备以下3种条件之一？（　　）

①低成本、大规模的流量源或客户

②低成本、优质的服务供应链或内部能力

③在服务过程中提供优质增值价值的能力

A. 具备（10分）

B. 不具备（0分）

（3）当前阶段，你的创业项目与竞争对手相比，最大的核心优势是（　　）。

A. 可被量化证明的技术优势（10分）

B. 可被量化证明的市场规模或收入优势（10分）

C. 可被具体证明的背景资源优势（10分）

D. 可再生的社会资源或资质（10分）

E. 可被量化证明的内容资源（10分）

F. "明星"创业者或创业团队（8分）

G. 模式创新（5分）

H. 先发优势（2分）

（4）具有上述优势的资源是否掌握在创业团队手中？（　　）

A. 是的，资源属于团队，且主要由第一大股东掌握（10分）

B. 是的，这些资源掌握在创始人股东手中，但他并非第一大股东（5分）

C. 目前资源还在外部，需要满足某些条件后才可以获得（3分）

D. 这些资源可能一直都在外部，未来可以通过商务合作获得（0分）

（5）你的创业项目如果需要大规模发展，需要依赖的外部条件是什么？（　　）

A. 重要条件基本已具备，只需要团队努力（10分）

B. 需要第三方的技术内核（5分）

C. 需要外部关系维系合作（5分）

D. 市场需要进一步落实（5分）

E. 需要在较长的时间内依赖几个大客户或外部流量（0分）

（6）参与企业运营或为企业贡献资源的创始人股东（不包括只投资不参与企业运营的投资者）中，股权比例超过5%的个人，其工作状态是（　　）。

A. 全部专职参与项目（10分）

B. 部分兼职参与项目，但近期将全职参与项目（5分）

C. 部分长期兼职参与项目（3分）

D. 全部兼职参与项目（0分）

（7）创始人股东的股权结构为（　　）。

A. 核心创始人的股权比例大于或等于其他联合创始人的股权比例之和（10分）

B. 股权基本均分，但可以协商调整（5分）

C. 股权基本均分且很难调整（0分）

（8）在某一轮融资里，是否有投资者的股权比例超过20%的情况？（　　）

A. 没有（10分）

B. 有，但不多见，且可以调整（5分）

C. 有，并且超过40%（0分）

（9）在你的创业团队中，谁负责融资？（　　）

A. CEO（10分）

B. 联合创始人（5分）

C. 部门经理或CEO助理（0分）

（10）融资所使用的创业计划书由（　　）。

A. CEO独立原创完成（10分）

B. CEO创作，但复制了一些其他资料（5分）

C. CEO根据网上模板填写（0分）

D. 朋友或下属编写（0分）

3. 活动分析

以上每题中的分值均代表创业项目融资能力在该方面的强弱。其中，10分为最大值，表示创立项目融资能力十分强；0分为最小值，表示创业项目融资能力在该方面较难获得投资者的认可。

活动三：实施创业融资

1. 活动目的

培养学生估算创业资金、编写融资计划书的能力。

2. 活动步骤

如果你想经营一家奶茶店，请你根据实际业务情况，确定启动资金。以下为具体实施步骤：

第一步，按分组情况确定每组的一个负责人。

第二步，上网查找创业项目所属行业的资金运作特点。

第三步，小组讨论以下问题：

（1）你创业需要多少资金？

（2）具体包括哪些支出（表8-2）？

（3）通过什么渠道获得这笔资金？

（4）该融资方案是否符合企业发展战略和发展阶段？

（5）在融资前应做好哪些准备工作？

第四步，拟定融资计划（可上网搜索范例）。

第五步，将融资计划制成PPT，由小组负责人上台演讲（讲演时间10分钟）。

第六步，授课教师对活动进行点评。

表8-2 资金估算表

序号	项目	数量	金额
1	房屋租金		
2	办公家具和设备		
3	办公用品		
4	员工工资		
5	业务开拓费		
6	交通工具购买费		
7	广告费		
8	水电费		
9	电话费		
10	保险费		
11	设备维修费		
12	税费		
13	开办费		
…	…		
	合计		

3. 活动点评

活动结束后，授课教师可以根据表8-3进行评分。

表8-3　创业融资实施评价表

评分标准	满分	实际得分	备注
掌握行业资金运作特点	20		
创业资金估算合理	20		
明确各融资渠道的优点及缺点	20		
能提出有效的融资方案	20		
融资计划内容完整、具有可操作性	20		
总分	100		

拓展阅读

如何理解健全资源环境要素市场化配置体系？

习近平总书记在党的二十大报告中强调"健全资源环境要素市场化配置体系"。这是我国资源环境领域一项重大的、基础性的机制创新，是充分发挥市场在资源环境要素配置中决定性作用的一项重要制度改革，对于提升资源环境要素优化配置和节约集约安全利用水平具有重要作用。

第一，资源环境要素市场化配置是运用市场化机制优化资源配置的有效手段。习近平总书记在十九届中央政治局第二十九次集体学习时提出，"推进排污权、用能权、用水权、碳排放权市场化交易"。资源环境要素市场化配置体系是指在政府设定总量管理目标和科学初始分配配额基础上，由各市场主体以实际使用或排放额同初始配额之间的差额余缺为标的，对于排污权、用能权、用水权、碳排放权等重要资源环境要素开展市场化交易的一整套制度体系。健全资源环境要素市场化配置体系，有助于形成各类市场主体内在激励和约束机制，对于改善环境质量、节约利用资源、推动技术进步具有很强的杠杆效应。

第二，健全资源环境要素市场化配置体系具有现实紧迫性。我国资源相对短缺，人均资源占有量低于世界平均水平，水资源严重短缺，能源资源对外依存度高。"十三五"时期，我国能源资源粗放利用问题较为突出，单位国内生产总值能耗约为世界平均水平的1.5倍、经合组织成员国平均水平的3倍，加之我国仍然处于工业化、城镇化快速推进期，未来能源资源消费还会持续增长。通过市场化交易将资源环境要素价格显性化，成本收益内部化，将产生重要影响：一是有助于在全社会树立资源环境有价的理念，增强"节约有收益、浪费有成本"和"排碳有成本、减碳有收益"的集约低碳发展意识；二是有助于推动节能降碳相关技术、管理、制度创新，推动市场主体根据自身节能降碳边际成本，以市场化交易形成的资源环境要素价格为指引，主动调整生产模式，促进技术进步和管理水平提高，带动和扩大相关社会投资；三是相比于行政分解式、命令控制型的资源环境要素管理模式，资源环境要素市场化交易更

为"柔性"，可以提高资源环境权益在不同部门、行业、地区之间的配置效率，将有限的指标动态配置给使用效率更高的主体，降低全社会节能降碳成本。

第三，我国资源环境要素市场化配置已取得积极进展。在排污权方面，目前全国已有28个省（区、市）开展了试点，截至2021年12月，全国排污权有偿使用和交易总金额达到245.15亿元。在用能权方面，目前我国在浙江、福建、河南、四川开展用能权交易试点，履约行业主要包括钢铁、化工、有色等高耗能行业。在用水权方面，2016年设立中国水权交易所，到2021年底累计完成用水权交易2 113单、交易水量34.97亿立方米。在碳排放权方面，全国碳市场自2021年7月上线以来，纳入发电行业重点排放单位2 162家，年覆盖约45亿吨二氧化碳排放量，交易价格稳中有升，成为全球覆盖排放量规模最大的碳市场。与2012年相比，2021年我国单位国内生产总值能耗、二氧化碳排放、水耗分别下降了26.4%、34.4%、45%，主要资源产出率累计提高了约58%，碳市场覆盖范围内碳排放总量和强度保持双降趋势。能够取得这些成效，相关市场化交易制度的建立健全起到重要推动作用。

第四，不断健全资源环境要素市场化配置体系。总体来看，我国对资源环境要素配置的行政性管控仍然较多，市场化、激励型办法需要不断健全强化。下一步，需要从5个方面着力：一是要强化总量刚性约束，优化完善配额分配方法，做到科学合理，体现奖优罚劣；二是要逐步扩大市场覆盖行业范围，丰富交易主体、交易品种和交易方式；三是要推动数据标准统一规范，加强数据质量监管力度和运行管理水平；四是要健全交易制度和技术规范，完善确权、登记、抵押、流转等配套管理制度；五是要持续加强相关法律、法规体系建设，加强对违法违规行为的惩处力度，强化法治支撑和保障等。通过不断健全资源环境要素市场化配置体系，充分发挥市场化交易的价格发现和优化配置功能，助推经济社会发展绿色化、低碳化。

❯ 自我评价

完成实训八后，自我对本次实训的完成情况进行评价。（分条对每次活动中自我表现进行评价，字数不少于500字）

_____

_____

_____

_____

_____

_____

_____

_____

_____

_____

_____

_____

_____

_____

_____

❯ 考核评价

完成本次实训后，采用过程性评价和结果性评价相结合的方式，综合运用自我评价、小组评价和教师评价三种方式，由任课教师确定三种评价方式占总成绩的比例，加权计算出每个学生完成本实训活动的考核评价分数。

考核评价表

总评价分数		班级	
学号		姓名	
评价方式	评价内容	分值	分数
自我评价	活动参与情况	40	
	活动完成质量	30	
	能力掌握情况	30	
小组评价	活动参与程度	40	
	小组活动贡献度	30	
	小组沟通及合作情况	30	
教师评价	活动参与情况	40	
	活动完成情况	30	
	活动贡献程度	30	
总评价分数 = 自我评价分数 ×（　　）%+ 小组评价分数 ×（　　）%+ 教师评价分数 ×（　　）%=			

实训九
创业企业的建立与管理

1. 能够充分了解创业企业的创建与选择。
2. 能够充分认知创业企业的选址与注册。
3. 能够充分熟悉创业企业的管理。

☀ **提示**

1. 开始任务前进行分组，宜5～6人为一组。
2. 结合课堂时间进行实训，若时间不足，活动可由授课教师择选。

任务一　创建与选择创业企业

活动：创建与选择创业企业

【片段一】

老干妈陶华碧独自创业

　　要说贵州"老干妈"是与茅台齐名的品牌丝毫不夸张，这是一个每天卖出130万瓶辣椒酱，一年销售额高达25亿元的知名家族企业，其产品遍布中国各地的大小超市及五大洲的30多个国家和地区，用娃哈哈的一位经理的话说："有华人的地方，就有'老干妈'"。虽然现在创始人陶华碧已经完全退出了其所有股权，但是在她的企业创立之初，也仅仅是个人独资企业。甚至在企业运营之前，陶华碧只是在贵阳市南明区龙洞堡贵阳公干院的大门外侧开了个十分简陋的小餐馆——"实惠饭店"，专卖凉粉和冷面。这个餐馆其实就是她用捡来的半截砖、油毛毡和石棉瓦搭起的"路边摊"而已，餐厅的背墙就是公干院的围墙，根本谈不上是任何形式的"企业"。后来，在龙洞堡街道办事处和贵阳南明区工商局干部的反复游说下，再加上不少受其照顾的学生一再劝说，1996 年 8 月，陶华碧才借用南明区云关村村委会的两间房子，办起了"老干妈"辣椒酱加工厂，这时候才算有了个人独资企业的雏形。

【片段二】

福建围绕纺织服装产业链部署创新链 从织造走向智造

走进福建省福州市新华源科技集团立华智纺项目生产车间，自动化设备嗡嗡作响，道道纺纱工序无缝衔接，车间只有寥寥数人巡视调试。"目前万锭用工水平已降至 12 人以内，吨纱能耗降低 35%，产品品质大幅提升。"新华源科技集团生产技术部常务副总经理刘显煜说。

福建是纺织业大省，产业完整度高、产业链竞争力强。2022 年，福建省纺织服装产业实现营收 8 820 亿元，同比增长 6.1%，体量升至全国第三。当前，推动产业走向数字化、智能化成为越来越多福建纺织企业的共识。刘显煜告诉记者，新华源科技集团不断探索将现代纺织技术与新一代人工智能技术深度融合，建成了生产智能化、信息数字化、管理可视化的智能纺纱工厂，自主研发的新一代短流程智能纺纱设备具有高速高产、工艺流程短、用工少、制成率高、毛羽少、纱线光洁、抗起毛起球性能好等特点。

福建省石狮市、晋江市等纺织业高度发达地区正积极围绕产业链部署创新链。2017 年，石狮市引进石狮市中纺学服装及配饰产业研究院、国家纺织面料馆石狮馆、中国纺织工业联合会检测中心（泉州）、中国纺织信息中心石狮分中心，围绕"染整提升、面料研发、成衣设计"等关键环节，持续引进纺织行业高端人才，进一步补充完善纺织服装产业链的委托检测、技术咨询、标准与检测培训、实验室建设及规划等服务环节，推动全链条协同创新。

在晋江市，华宇铮蓥集团在 2015 年就开始数字化及智能化改造，旗下华宇织造有限公司在 2022 年获得工信部制造业单项冠军企业认证。华宇铮蓥集团执行总裁苏成喻表示，公司实现了高效生产模式，仅 15 人就可操作 8 000 平方米的生产车间，生产周期从 30 天缩短至 15 天，年产能超过 4 万吨。

"智能制造，硬件设备是一部分，软件驱动才是核心。"卡宾服饰（中国）有限公司公共关系部负责人林琳介绍，过去实体门店发现爆款商品，从加单到生产再返回门店至少要一两个月。现在从前端的数据反馈到生产再铺货到店，只需 7~14 天便可完成。

青创网创始人林伊莎认为，传统行业谋求高质量发展绕不过转型升级。转型升级就需要立足产业链、服务供应链。通过供应链上下游数据的主动采集及分析，缩短产销链，实现一手交易。节省商家的交易成本，是促进行业可持续发展的重要实现路径。

福建省莆田市鞋企多达 4 000 余家，2022 年鞋服产业实现规模产值 1 460 亿元，是当地支柱产业之一。作为莆田市鞋业协会会长单位，双驰实业"鞋业大规模个性化定制"项

目入选工信部工业互联网平台创新应用案例，开创了"量脚定鞋"的新商业模式。消费者站上双驰与中国科学院共同研发的全球首台"识足鸟"脚型足压一体式采集分析仪，能在15秒内获取54项足部特征数据，并给出针对性建议。消费者还可以在线进行颜色、图案乃至签名的个性定制，下单后成为"舒识"定制线上商城用户。

订单上传云端，进入双驰实业与中国电子团队共同建成的全球首个满足商用需求的鞋类定制智能工厂，系统根据消费者脚型分类，自动拆分工单，分派工序、机台，驱动全流程生产，最快2小时完成制作，日峰值产能2 400双。双驰实业股份有限公司董事长陈文彪介绍，"消费者先下单，工厂再生产"的生产模式，使产品品牌与服务附加值提升40%；同时，企业人力成本投入可以降低70%，材料损耗可以降低20%，产品不良率锐减60%。

（来源：《经济日报》）

【片段三】

居泰隆公司的商业模式

居泰隆公司的商业模式可概括为：建立一套"信息系统"，将家具供应商和销售商整合起来，以减少中间环节，降低流通成本。

具体来讲，通过内部的"产品建模中心"对家具厂商的产品进行信息化建模，使家具产品适合通过"信息系统"在计算机上进行展示。这样，零售终端就不必像传统的家居大卖场那样租用大面积的门店来展示家具，从而降低了家具零售环节庞大的展示成本。这使得居泰隆可以快速发展低成本的"连锁门店"，门店面积一般为1 000平方米甚至更小，不到家居大卖场的1/10。

顾客的采购信息汇集到居泰隆的门店（自营、合作、加盟）及网站，再通过信息系统传到厂商，实现需求多元化下的规模采购，又降低了采购成本。物流方面，由第三方物流公司负责统一配送，将货品配送到门店，再由门店负责配送到客户指定地点。最终，居泰隆通过家居用品销售的差价和合作伙伴（加盟门店、第三方物流公司）的佣金返点来获利。

对居泰隆而言，配送中心、产品建模中心、培训中心、网站等是内部利益相关者，它们都具备相对独立的资源、利益的输入/输出和利益诉求，可以作为交易结构分析的独立对象。至于物流公司、家具厂和顾客，则是居泰隆的外部利益相关者。门店的商业模式既有加盟，又有参股，还有直营，所以其与居泰隆的培训中心等相比，属于外部利益相关者；而与客户、家具厂商等相比，又属于内部利益相关者。因此，我们可以将门店称为类内部利益相关者。

因此，现在居泰隆这家企业的"边界"可以有3种划分方式：一是只包括内部利益相关者；二是包括内部利益相关者和类内部利益相关者；三是包括所有的利益相关者，即整个交易结构。

【片段四】

小红书的商业模式

小红书是当前非常热门的网络社区之一，同时也是跨境电商、分享平台及口碑库。在小红书上，用户可以分享生活内容和消费笔记，传递自己的生活方式。

小红书的最初定位是一个 UGC（由用户贡献内容）的产品信息分享平台，由用户上传专业的内容，提供产品的真实背书。早期小红书的内容主要是产品攻略，这种静态信息流难以使产品与用户之间产生即时、有黏性、双向的互动机制，于是小红书开始转向社区，让用户可以"逛""刷"，后来又开始融合电商，上线跨境购买板块"福利社"，方便用户在产生购买需求时直接购买产品。同时，小红书通过在社区加入第三方商家，增加广告起量，以及在购买笔记中插入购买链接为自有商城引流，实现社区电商的高效转化。

请学生思考以下问题。

1. 阅读【片段一】，你认为陶华碧创建企业具备哪些条件？除此之外，你认为创业企业的创建条件还有哪些？

_____

_____

_____

_____

_____

_____

_____

2. 阅读【片段一】可知，陶华碧在龙洞堡街道办事处和贵阳南明区工商局干部的反复游说下，再加上不少受其照顾的学生一再劝说才同意创建个人独资企业。通过网上查询，谈谈个人独资企业的优点及缺点分别有哪些。

_____

_____

_____

_____

_____

_____

_____

3. 阅读并结合【片段二】~【片段四】，谈谈材料中的公司与产业都有哪些商业模式的创新。

_____

_____

_____

_____

_____

任务二　创业企业的选址与注册

活动一：创业企业的选址

1. 活动目的

通过此活动的实训，学生了解创业企业门店选择的重要性，同时了解如何进行创业企业门店的地址选择。

2. 活动要求

根据所学知识和收集的信息资料，以目前分组情况，推举一名组员代表，每个小组自定经营内容。

3. 活动内容

假定以小组为单位开设门店，根据不同经营内容，制订一份门店的选址方案。

4. 方案中应涉及的内容

（1）多个选址策略的比较分析过程。

_____

_____

_____

_____

_____

（2）最终决策理由。

_____

_____

_____

_____

_____

_____

_____

_____

（3）选址结果。

_____

_____

_____

_____

_____

_____

_____

_____

5. 活动提示

（1）根据门店的经营内容选址。例如，服装店、小超市要开在人流量大的地段；保健用品门店和老人服务中心要开在稍微偏僻、安静的地方等。

（2）选择自发形成某类市场的地段。

（3）选择有广告空间的店面。

（4）把店铺开在著名连锁店或强势品牌店的附近。因这些著名品牌店在选址前做过大量细致的市场调查，挨着它们开店，不仅可省去考察场地的时间和精力，还可以借助它们的品牌效应"拣"到顾客。

6. 活动评价

（1）各组员代表在小组讨论后（限时 10 分钟），依次对拟定项目的选址进行演讲（限时 5 分钟）。

（2）由授课教师结合演讲内容对小组方案进行打分，评选出优胜小组，并对各组方案进行优点及缺点点评。

活动二：创业企业的注册

1. 活动目的

通过此活动的实训，学生了解创业注册的程序和相关政策法律。

2. 活动要求

根据所学知识和收集的信息资料，以目前分组情况，推举一名组员代表，每个小组自定创业公司类型。通过网络或电话查询，了解本地区公司的登记办理流程。

3. 活动内容

（1）有限责任公司设立登记办理流程。

通过网络查询，将结果记录如下：

_____

_____

_____

_____

_____

_____

_____

_____

_____

（2）个体工商户设立登记办理流程。

通过网络查询，将结果记录如下：

_____

_____

_____

_____

_____

_____

_____

_____

_____

_____

_____

（3）合伙企业设立登记办理流程。

通过网络查询，将结果记录如下：

_____

_____

_____

_____

_____

_____

_____

_____

_____

_____

_____

4. 活动小结

各组员代表在小组讨论后（限时 10 分钟），进行组与组间的探讨，并整理出最终结论。最终结论的记录区域：

任务三 管理创业企业

活动一：创业企业的基础管理

1. 活动目的

通过此活动的实训，学生了解新创企业人力资源的重要性，大致了解人力需求体系、人员招聘体系及薪酬体系的内容。

2. 活动要求

根据所学知识和收集的信息资料，以目前分组情况，推举一名组员代表，每个小组自定新创企业经营内容。

3. 活动内容

（1）人力需求体系。

1）根据项目和团队实际，拟定公司岗位和人数：

_____

_____

_____

_____

_____

_____

2）拟定各岗位职责与要求：

_____

_____

_____

_____

_____

_____

（2）人员招聘体系。

1）可参考的招聘方案及案例：

_____

_____

_____

_____

_____

_____

2）拟定公司的简单招聘方案：

①执行人：

_____

_____

_____

_____

_____

_____

②招聘渠道：

_____

_____

_____

_____

_____

_____

③招聘预算：

_____

_____

_____

_____

_____

_____

_____

④招聘岗位：

_____

_____

_____

_____

_____

_____

_____

⑤招聘流程：

_____

_____

_____

_____

_____

_____

_____

⑥招聘广告：

_____

_____

_____

_____

_____

_____

_____

（3）薪酬体系。

1）通过网络查询，了解可参考的薪酬方案：

_____

_____

_____

_____

_____

_____

_____

2）拟定本创业公司的薪酬福利方案：

_____

_____

_____

_____

_____

_____

4. 活动评价

（1）各组员代表在小组讨论后（限时 10 分钟），依次对本创企业的人力资源管理进行演讲（限时 10 分钟）。

（2）由授课教师结合演讲内容对每组的人力资源管理方案进行打分，评选出优胜小组，并对各组方案进行优点及缺点点评。

活动二：创业企业的营销管理

不知从何时开始，女生买衣服的习惯悄悄地发生了变化：首先，网购的品种和数量越来越多了；其次，购物的方式也改变了。通常女生在网上看到一件品牌服装，但是对面料、是否合身还拿不准时，往往就会前往实体的品牌店。她们找到自己在网上看到的服装，然后挑选、试衣，最后再回到网上购买。因此，当她们网购的服装寄来时，女生已经知道这件衣服肯定是自己满意的了。

请学生思考以下问题。

1. 你认为互联网时代的购物与传统商业模式的购物有哪些不同？

_____

_____

_____

_____

_____

_____

_____

_____

_____

_____

_____

_____

2.分析女生为什么喜欢这样的网购？说明了女生的什么心理？

_____

_____

_____

_____

_____

_____

_____

_____

_____

_____

3.给未来品牌服装设计一个新的营销模式，并说明理由。

_____

_____

_____

_____

_____

_____

_____

_____

_____

_____

4.假设在学校周边开设一家小吃店，请制订一个小吃店的营销方案，限时 10 分钟，并由授课教师随机抽查 1 ~ 3 名学生在课堂讲台进行演讲（限时 5 分钟），台下学生对各个学生的营销内容进行记录。最后，由授课教师综合分析评判。

演讲重点内容的记录区域：

活动三：创业企业的财务管理

"标王"的悲剧

2004年4月，国内媒体纷纷报道了一条消息：山东秦池酒厂准备资产整体出售。

1995年，名不见经传的秦池酒厂以6 666万元夺得中央电视台"标王"。1996年11月8日，它再度以3.2亿元人民币的天价蝉联"标王"。

秦池横空出世，一战功成：夺标当年，秦池的销售额一举飙升10倍，逾10亿元，打造了中国企业发展史上令人瞩目的"秦池奇迹"和"秦池速度"。秦池以广告打出一片天地的绝笔，将中国市场进一步推入传媒主导企业的时代。

二夺"标王"后的秦池，其知名度如日中天，但知名度并不能决定消费者的购买行为。由于整个白酒市场的滑坡和来自政府、传媒的方方面面的诘问与非议，尤其是企业膨胀式的发展带来的一系列管理问题、素质提升问题、品牌成长问题等，使雄心勃勃、一心要实现"酒王梦"的秦池酒厂，一时间身陷困境。

1997年年初，一则关于"秦池白酒是用川酒勾兑"的系列新闻报道，给了秦池当头一棒。通过报道，一个从未被公众知晓的事实终于浮出了水面：秦池的原酒生产能力只有3 000吨左右，它从四川邛崃收购大量的散酒，再加上本厂的原酒、酒精，勾兑成低度酒，然后以"秦池古酒""秦池特曲"等品牌销往全国市场。同时还发现，秦池的罐装线基本是手工操作，每条线有10多个操作工，酒瓶子的内盖是专门由一个人用木榔头敲进去的……

业内人士认为，秦池从四川收购散酒进行勾兑这种模式应该说是科学的，符合经营规律。但由于酒是一种嗜好品，消费者实际上消费的是酒背后的东西（包括产地、历史、工艺、文化内涵等）。一旦消费者发现秦池酒实际上是川酒，就会有一种上当受骗的感觉，因为有时候，消费者尤其是酒类消费者并非理性。因此，秦池酒销量大减。

日益激烈的市场竞争，加上秦池自身的问题，使其市场份额产生了波动。由于发展太快，秦池对代理商失去了控制能力，导致代理商私自提价，将低档酒高价卖出，造成质价背离。秦池二度中标后，消费者认为3.2亿元的广告额将转嫁到他们身上，对秦池品牌产生了不信任感。针对这种消费心理，秦池也束手无策。波动不定的市场份额，使秦池陷入了严重而难以自拔的经营风险之中。当年年度，秦酒池完成的销售额不是预期的15亿元，而是6.5亿元，次年更下滑到3亿元，到1998年，该厂已是欠税经营。秦池从此一蹶不振，最终从传媒的视野中消失了。业内人士认为，秦池在企业管理、生产、销售各环节的衔接上，相对于品牌的快速扩张是滞后的，而这种滞后恰恰被"标王"的光环所遮掩，完全忽略了过度膨胀引起的并发症。最关键的一点是，秦池在成为全国知名品牌时，企业的发展步伐还停留在单纯的卖产品上，而没有进行品牌文化建设。只重视知名度而不重视美誉度，一旦产品出现质量问题，自然就被淘汰出局。

2000年7月，一家酒瓶盖的供应商起诉秦池酒厂拖欠其300万元货款，法院判决秦池败诉，并裁定拍卖"秦池"注册商标。令人啼笑皆非的是，几亿元打造的商标最终却以几百万元的价格抵债。

请学生思考以下问题。

1. 秦池酒厂初始成功的原因是什么？此时面临哪些风险？

_____

_____

_____

_____

_____

2. 秦池酒厂为什么在这么短的时间就风光不再而陷入困境？

_____

_____

_____

_____

_____

_____

3. 秦池酒厂的悲剧给我们在财务管理方面带来哪些启示？

_____

_____

_____

_____

_____

_____

拓展阅读

党的二十大代表、小米手机相机部总经理易彦：我们赶上了好时代

近十年来，我国在科技领域取得突出的发展成就，为多年的社会经济发展注入了新动力。在党的二十大报告中，"科技"也成为频繁被提及的关键词。

"这么近距离、清晰地看到我们伟大的祖国未来规划的宏伟蓝图，我能够真切地感受到百年大党立志复兴的大志向、引领时代的大担当、不负人民的大情怀以及兼济天下的大格局。"现场聆听二十大报告后，作为党的二十大代表、科技工作者，小米科技有限责任公司手机相机部总经理易彦如是向《中国经济周刊》记者表达感受。

"我们赶上了好时代"

党的十八大以来，我国大力实施创新驱动发展战略，创新型国家建设取得明显成效，创新能力大大增强，国际创新排名持续提高。截至2021年，我国创新指数居全球第12位，比2012年上升22位，在中等收入国家中排名首位。

与此同时，我国在世界500强上榜企业数量上居世界首位，国际竞争力显著增强。包含小米在内的阿里巴巴、京东、华为等一众国内科技企业也跻身这一榜单，成为中国科技力量的代表。

党的二十大报告强调，完善科技创新体系，坚持创新在我国现代化建设全局中的核心地位，健全新型举国体制，强化国家战略科技力量，提升国家创新体系整体效能，形成具有全球竞争力的开放创新生态。

对此，身为科技工作者的易彦直言："我们赶上了好时代。"

她说："这是国家对于科技企业的期盼，同时也构筑了最好的科技创新平台，以企业为龙头，以用户产品和问题为导向，促进产学研深度融合、力出一孔。作为科技工作者，我们遇到了最好的时代，一定要开放心态，勇于探索和创新，为我国高精尖产业的高质量发展贡献智慧和力量，为广大群众的美好生活而努力。"

深感"责任重大"，以"解决'卡脖子'"为己任

从2019年开始，美国政府频频"出手"打压中国科技公司，国内的一众科技公司受到不同程度影响。要想赢得未来，在尖端科技领域取得突破性进展成为我国相关领域科技工作者的使命。

"在从事手机相机领域的研发中，我们不断根据消费者需求和行业技术的演进，制定清晰的产品方向。"易彦回顾总结了团队在所属领域做出的技术攻关努力，"记得在2020年，我和同事们一起讨论未来的影像之路，在深刻复盘之前走过的每一步以及我们获得的成绩和经历的挫折之后，我们决定从影像的本质出发，制定了三年的产品路线规划和五年的技术规划，并坚定决心去攻克成长道路上遇到的形形色色的科技难题。"

党的二十大报告中明确提出，加快实施创新驱动发展战略，加快实现高水平科技自立自强，以国家战略需求为导向，集聚力量进行原创性引领性科技攻关，坚决打赢关键核心技术攻坚战，加快实施一批具有战略性全局性前瞻性的国家重大科技项目，增强自主创新能力。

党的二十大报告中关于科技创新的内容精神无疑是对科技工作者们极大的勉励和嘱托。

在聆听党的二十大报告之后，易彦表示："作为企业科技工作者，我深感肩上责任的重大，回到工作岗位后，我会持续深入学习，做好报告精神的传达，用党的二十大精神指导工作，努力深耕技术，勇于突破和创新，加速解决'卡脖子'问题，为我国高精尖产业的高质量发展贡献自己的智慧和力量。"

企业以特色党建培育科技人才成长

党的二十大报告中提出，"实施科教兴国战略，强化现代化建设人才支撑"。

在行业层面，对于以"技术密集"为显著特点的科技行业而言，吸纳高水平技术人才、培养高素质技术人才是企业赖以生存、长于发展之核心。

近年来，各行业中龙头企业纷纷组建具有企业文化特色的基层党组织，以党员做先锋，发挥模范带头作用，带动团队整体成长发展。以党建为引领，已经成为不少企业人才策略中的重要一环。

"我们公司党委成立于2015年6月，截至目前公司党员有近8 000人，覆盖了公司的所有部门。党员平均年龄为28岁，其中大多数都从事技术、产品、研发领域工作，年轻、高知是这些党员技术骨干的特征。"易彦介绍道。

在这一基础之上，"近几年来，我们招聘了很多应届大学毕业生，这些'新鲜血液'能够迅速融入团队中，并日渐发挥更加重要的作用。"易彦介绍，"2021小米年度百万美金技术大奖就是由仿生四足机器人CyberDog'铁蛋'团队获得，这支团队中有两位成员就是2020年校招的应届硕士毕业生。"

就企业团队建设而言，已有29年党龄的易彦有着自己的一套独到见解，"在上级党组织的指导下，企业党委应找准党建与业务的结合点和共振区，坚持以企业发展成效检验党建工作成果，强化党建引领，创新服务理念，着力打造具有企业自己特色的党建品牌"。

"我作为一名来自民营企业的党员，当选党的二十大代表，充分体现党和国家对企业基层党建工作的关心和重视。"易彦表示，党的二十大报告围绕深入推进新时代党的建设新的伟大工程做了全面部署，明确了基层党建工作的总目标和总要求，为企业今后开展党的建设工作提供了根本遵循。

（来源：《中国经济周刊》）

❯ 自我评价

　　完成实训九后，自我对本次实训的完成情况进行评价。(分条对每次活动中自我表现进行评价，字数不少于 500 字)

_____

_____

_____

_____

_____

_____

_____

_____

_____

_____

_____

_____

_____

_____

_____

_____

_____

_____

❖考核评价

完成本次实训后，采用过程性评价和结果性评价相结合的方式，综合运用自我评价、小组评价和教师评价三种方式，由任课教师确定三种评价方式占总成绩的比例，加权计算出每个学生完成本实训活动的考核评价分数。

考核评价表

总评价分数		班级	
学号		姓名	
评价方式	评价内容	分值	分数
自我评价	活动参与情况	40	
	活动完成质量	30	
	能力掌握情况	30	
小组评价	活动参与程度	40	
	小组活动贡献度	30	
	小组沟通及合作情况	30	
教师评价	活动参与情况	40	
	活动完成情况	30	
	活动贡献程度	30	
总评价分数＝自我评价分数 ×（　　）%＋小组评价分数 ×（　　）%＋教师评价分数 ×（　　）%＝			

参考文献

［1］刘延，高万里.大学生创新创业基础［M］.武汉：华中科技大学出版社，2020.

［2］杨兆辉，陈晨，夏静.大学生创新创业基本能力训导［M］.2版.北京：电子工业出版社，2023.

［3］吴月红，李经山.创新创业实训教程［M］.北京：机械工业出版社，2021.

［4］郭丰，谢凌云.大学生创新创业基础［M］.杭州：浙江大学出版社，2022.

［5］郭玉莲，马凤祥.大学生创新创业教育［M］.北京：中国人民大学出版社，2022.

［6］陈永，石锦澎.大学生就业与创新创业教程：慕课版：双色版［M］.2版.北京：人民邮电出版社，2022.

［7］苗雨君.创新创业实训教程［M］.哈尔滨：哈尔滨工程大学出版社，2021.

［8］蔡柏良.创新创业实训［M］.南京：南京大学出版社，2019.

［9］张子睿，王慧秋.高职学生创新创业实训手册［M］.哈尔滨：哈尔滨工程大学出版社，2020.

［10］吴亚梅，龚丽萍.大学生创新创业教程［M］.重庆：重庆大学出版社，2018.

［11］周晓蓉，蒋侃.大学生创新创业实训教程［M］.武汉：华中科技大学出版社，2018.

［12］方法林.大学生创新创业实训教程［M］.北京：中国旅游出版社，2018.

［13］张兵.大学生创新创业基础［M］.北京：高等教育出版社，2016.

［14］胡楠，郭勇.大学生创新创业指导［M］.北京：人民邮电出版社，2017.

［15］李纲，张胜前.大学生创业指导［M］.北京：国防工业出版社，2010.